AQUARIUS

AQUARIUS

AQUARIUS

AQUARIUS

Vision

一些人物，
一些視野，
一些觀點，
與一個全新的遠景！

人渣文本
的36個幸福突圍指南

周偉航
（哲學博士）◎著

自序——

幸福的公式

在討論這本書的寫作方向時，出版社希望我能談「年輕人該如何在當前經濟困境中找到自己的幸福」之類的東西。

這意思，大概就是要我在這本書中提出一個解決方案，讓大家能在薪水低，物價貴，什麼都買不起，什麼都看不爽的狀況下，還能追求小確幸。

這要求夠屌。

不過，我還是把書寫出來了。

在缺乏物質條件的狀況下，還要「爽」，基本上只有兩種可能性。

第一，進入絕對的幻覺之中，永遠不會醒來。這種「迷幻系」、「發夢系」的作法，不是要你吸毒，就是要你信一種奇怪的邪教，然後這邪教通常也在吸毒。這當然不會是我推薦的方法。

第二，是把歷來思想家的想法挖出來，找出最有可能達成目標的理論，改成現代版。的確有種方法，可以讓你在物質條件不理想的狀況下，依然能開出幸福的小花；而且這不是靠「迷幻系」或「發夢系」的外在、物質方法，而是透過想法的轉變。

你只要接受一套「幸福的公式」。

「公式？幸福會有公式嗎？若真有這種公式，應該很多人已經在照做了呀！」

當然，這公式不像代數公式那麼明確，而且沒受過訓練的普通人，還真的不太好理解，因此並沒有那麼多人知道。但我們還是先介紹一下這個鬼公式好了：

「具備德行以追求合作活動中的卓越標準，在活動過程中，行為者就可獲得各種內在善；只要在人生的各種活動中都能獲得內在善，其一生就會是幸福的。」

啊哈哈哈，看不懂對吧！這麼多專有名詞，普通人當然看不懂。我來慢慢把這些話翻譯成白話文吧。

追求幸福的先決條件，就是你要活在人類社會裡，與別人合作、互動。如果活在孤島和一顆叫威爾森的排球在一起，就很難追求什麼小確幸了。不是完全沒有可能啦，但你應該清楚這「威爾森式幸福」是多數人不太想要的那種。

我們需要與他人進行互動，這「他人」的範圍可以小至家庭成員，大到全體地球人類加上潛伏的外星人。

透過和他人互動，我們就能獲得與創造價值。

接著再回到個人層面。

每個人活著，都有一些目標，「那要追求什麼目標比較妥當呢？」各種人類合作活動，從教書、上班、騎車、搭捷運，甚至打電動，都有前人留下來的「卓越標準」，你具備德行之後，就可以去追求這些標準。就像美國職籃ＮＢＡ的成員，多數都想追求麥可．喬丹所留下的六次冠軍紀錄。

而一個活動的現有卓越標準，就是你在這個活動中要追求的「目標」了。在追求目標時，你需要採取「行動」，也就是「手段」。你的「手段」應有一些彈性，一切作為，都要看當時的情境適不適合。

「啊，那我怎麼知道這行動適不適合？」

最「適合」的行為模式，通常被稱為「德行」。德行就是良好的做事習慣，可以幫助你追求特定的人生目標。若你是火車駕駛，你就要有「準時」之德，不然事情就大條了。

教書有教書的德行，煮麵有煮麵的德行，你可以參考各行各業裡高手所留下的德行模範，得知拿捏「適合」程度的技巧，也可以透過不斷的嘗試與修正錯誤的過程，來培養該行為所需要的德行。

你有了「目標」，也養成了追求這目標的「德行」，接下來呢？接下來當然就是「好好幹」。

只要你具備「德行」以追求「卓越標準」，依幸福的公式，你就可以獲得「內在善」。內在善，就是內在於人類活動中的一種特殊價值。

內在善有很多形式，包括親情、愛情、友情等各種情，也有榮耀、滿足感、成就感、安心感等各種感，整體來講，內在善就是「小小的幸福感」，只要累積夠多「內在善」，你的人生就是幸福的。

不過也有人會質疑，那些很多人參與的活動，其卓越標準都被推進得非常高，高到我們根本不可能達到，不就代表沒辦法獲得幸福？

重點中的重點來了。

不是「達到」卓越標準，才能獲得內在善，而是在追求卓越標準的「過程」中，就可以獲得內在善。

因此你只要具備德行認真打球，並追求優秀所留下的卓越標準，你就可以在實際運動的過程中達到內在善。你不見得需要達到前人的卓越標準。

如果你不懂，就想想你的收藏品。

每個人都有收藏癖，不見得都是高價物，有些根本是垃圾，或是放進櫃子箱子後就再也沒拿出來過。請問收藏那些東西有什麼用？

通常不會有用。

那為什麼還收藏？

因為收藏的價值，是產生在收藏的「過程」中，而不是「結果」。在把漫畫放進書櫃整齊排好的瞬間，你就已經「爽」到了。那種收納的滿足感，就是內在善。

還是參不透？

那就想想下面這個狀況：

一個九十幾歲滿臉皺紋的老太婆，每天卻還是花兩個小時認真塗抹保養品。她這樣做，有沒有「用」？

她爽就好，關你屁事。這樣懂了吧？

「幸福」是沒有標準答案的，端看你從事的各種活動為何，透過這些活動交織出專屬於你的幸福答案。你將發現幸福就是「探尋幸福」的過程。

就像電玩由許多關卡組成，人生也由不同的活動組成，即便你無法「全破」，也可以在「每一關」中努力，就可以獲得每一關的樂趣了。

所謂的「幸福公式」，其實就像電玩的攻略指南，不可能瞭解了之後你就變得幸福。只有當你跳下去「大玩特玩」，才有辦法挖掘出價值，並且愛上這個過程。

在本書中，我選了三十六個主題來驗證這套公式，其中大多數都會發生在你的生活周遭。你可以看看我如何運用這公式來「攻略」人生，再想想若是你碰到這些狀況，有辦法找出一條對自己更有意義、更有價值、更具內在善的路嗎？

一定有辦法的。只要你出發去找。

目錄

第一部・幸福

第二部・不只是「事件」

目錄

第三部・對錯

序曲——

本來就只有小確幸

每週有一天，我會在桃園地區授課，早上、下午分別是不同學校。其間有兩個小時的中午空檔，總是匆忙用餐，隨即飛車趕往水田中的二手書店，叫一壺茶，買幾本書，坐著浪費時間。

運氣好的話，可以待在這一個小時多。有時吃飯要排隊，車子要加油，路上紅燈多，就只能待個半小時。半小時也好。

這個叫什麼呢？

這叫「假掰文青時間」。

我雖然有在寫專欄，但不是文學家，掰不出什麼優美又有營養的東西，但是至少可以透過假掰行為生出一點「文青值」。在很文青的地方，以很文青的姿態倒茶，再打開很文青的蘋果筆電。

然後上網看八卦新聞。因為沒什麼文青新聞可看呀！

好啦，最近我有帶羅毓嘉的小說去看，彌補一下人文素養，以免一直看政治人物講白痴話，自己也變白痴。

要說這家書店有什麼特別，其實也還好。因為是在生活圈之外，所以是學生推薦才得知。幾間小木屋，一片綠地，平日沒啥客人，但鄉下本來就這氣氛。二手書有，新書也賣，「文青感」和很多標榜特色風格的獨立書店不相上下。

但能去晃晃，就會有一種「爽感」。若是某週沒空拉車過去，接下來的六天都會有點小遺憾。這是種「儀式」，像老人家每天上香拜拜一樣，不拜就不對勁。

我的每週儀式不只這個。

前往苗栗老家的聯合大學授課時，我也固定去一家肉圓店吃早餐。這店開在我幼時的通學路上，從小學三年級開始，只要有錢、有閒、路線拉得過去，我就會過去吃點東西。如果「應過去」、「能過去」，而「未過去」，就會一整個不爽。

但這間店也只是普通好吃而已。以前是超便宜（一顆肉圓只要五元！但那是民國七十多年），現在價格已經沒有優勢。

就我的觀察，所謂「苗栗美食」，通常都只是比較大碗而已，味道還好。因為苗栗多客家人，客家人比較節儉（或小氣），看到同樣價格卻比較大碗，就會四處推薦。所以客家美食等於客家大食。

那這間店的重要性在哪？

當然就不是「文青」了，這是「懷舊」，只要吃一口，時光倒流二十年，彷彿短褲小學制服再次上身。不過，正牌文青可能認為懷舊值也算是種文青值。只是普通二手書店，只是普通肉圓店，但前往這些店家的「儀式」，就是一點都不普通。這對我來說有意義，但對你就不一定了。

不論是文青值或是懷舊值，都是所謂的「小確幸」。在書店喝個茶，是公忙之餘的小確幸。吃一粒肉圓，是開啟一天工作的小確幸。

村上春樹把「小確幸」一詞帶進我們的世界中，指那些微小而確切的幸福。原版的村上小確幸，是激烈運動過後喝冰涼啤酒。這的確很爽，但沒試過的人要小心氣卡到。而且根據我之前的學術研究，跑完馬拉松後喝啤酒，立刻洗澡睡覺，睡眠過程中發生「鬼壓床」的機率非常高。這就不只是小確幸了，已進階到超自然確幸。原因是電解質不足。

小確幸一詞被引進台灣社會之後，意外受到歡迎，到處都可看到標榜「小確幸」的產品。專有名詞一旦被濫用，自然會出現負評。

有大企業家指責年輕人都在追求開咖啡店這種小確幸，沒有大志。也有年輕人反彈，說這詞不應濫用，甚至根本不該用，會腐化人心。更有網路名人指稱，如果政府可讓民眾有大確幸，誰需要小確幸。

這些說法各有其理，但我想他們或許誤解了小確幸。那小確幸到底是什麼呢？

小確幸是種幸福，而幸福是種「價值」。早在古希臘，亞里斯多德已提到非常類似小確幸的一種價值，他稱之為「靈魂的善」。到了現代，倫理學中的德行論者將之命名為「內在善」。

小確幸就是藏在活動裡頭的「善」。你要參與某個活動，且真正理解這個活動，才能掌握其中的內在善。生活中的每種人類合作活動都有內在善，那會是滿足感、成就感、榮耀感、自由感、正義感，以及各種人際情感。

如果你在參與每種活動時，都能把握其中的內在善，都能獲得小確幸，那你的一生就會是幸福的，這種幸福人生是經歷諸多小確幸之後的總評價。

所以，本來就只有小確幸。

「大確幸」或什麼「幸福人生」，都是小確幸去「堆」出來的，不存在一個具體的「大幸福」。

你吃個肉圓，有小確幸；喝個茶，有小確幸；開車挖鼻孔，有小確幸；打電動團戰「中離」去上廁所，有小確幸；排隊買甜甜圈，有小確幸；按下網購確認鍵，有小確幸。**你生命中的每一個環節都有小確幸，但卻抱怨過得不幸福，那鐵定是大腦有問題。**

能在生活中隨時解讀出小確幸（也就是內在善）的人，就是幸福的人。就算有豪宅跑車，不會用，無法善用，那也不會產生內在善，也就沒有小確幸。有財主買了豪宅，但自己都在國外忙生意，房子都是女傭住，那就是女傭有小確幸，屋主只有小確悻。

這也不是說要排斥錢。村上春樹也要花錢買他的啤酒，我也要花錢買我的肉圓，錢還是有用的，但不需多，只要用得準，幾十塊錢的東西就能有美好的一天。錢本身無善惡，但不會「用」錢的人，一定不幸福，這是很確定的「大確不幸」。

所以，**本來就只有小確幸。不要執著於什麼大確幸，眼下的事好好做，人生就能十足爽。**

第一部 幸福

關於金錢

多少錢才「夠」用？

你根本沒那麼爛，根本沒那麼窮，你只是想太多，而做的太少。

最近和收入中上的幾個兄弟閒聊到「理想的房子」這個主題。我提到一些個人的想法，像最好是透天、停車方便、離主要工作點不遠、有綠樹、生活機能健全、大眾運輸方便、環境清幽等等。

有個朋友的回應是：「你這條件的房子我上個月正好看過，要一億八千萬。」

這只能以「XD」回應。如此價格的東西，勞動階級自然無法應付。

十億台幣才夠用

錢當然很重要，但到底有多重要呢？或說，要賺到多少錢，才算是「夠」用？這要先定義「夠」。我的另一批朋友們（收入是國民前十趴等級）曾在臉書上討論過這個問題。

他們對「錢夠用」的定義是：「在街上看到想吃的，可以不考慮價格直接進去吃」（食）、「想買衣服和奢侈品不需要刻意比價」（衣）、「能住到完全符合理想的房子」（住）、「想去某個地點，就能立刻動身，不用排假」（行）、「自己想學什麼、想讓子女受什麼教育，都不需擔心錢」（育），「能玩到只怕沒有時間玩，而不是沒有錢玩」（樂）。

這樣過一輩子，要多少錢呢？一些精於理財的朋友進行估算，在全數資金用以購買低風險金融產品與所需不動產的狀況下，大概需要「十億」台幣。

這當然也是一個讓人「XD」的數字。

不妨注意一下這六大向度的內容。若要在其中歸納出一種共通性，大概就是「無憂無慮」的快意感。

因此**「錢夠用」所帶來的，基本上就是「無憂無慮」。無憂無慮才是「目的」，錢只是種「手段」。**

如何能夠無憂無慮？

那除了花錢以外，還有沒有其他手段可以達到「無憂無慮」？

許多宗教要求信徒別追求金錢，甚至該完全捨棄金錢，才能達到心靈上的安適狀態，所以他們主張你要「絕財」、「出家」、「斷捨離」，才能「無憂無慮」。

但能做到這些要求的人非常少。就算是出家人，現在看來也愈來愈「氣派」，一般的信徒更不用講了。大家信歸信，聽歸聽，真要照經典操作，只怕認真的人數不到百分之一。

這不代表其理論有問題，問題是在於現實人心太過脆弱。還有沒有其他方法？

亞里斯多德主張透過沉思默想，以類似坐禪的方法達到心靈上的超越。

但現代社會賺錢辛苦，不賺錢的時候懶得動腦，多少人有那個心思在那邊靜坐？

過去都說佛家的打坐是「禪七」，但因為要坐七天，能參加的人太少，現在多半改成「禪三」了。就算是「禪三」，參加的通常也是退休人士、社會賢達。像是之前有人打坐時，發現身旁多數是大老闆，一轉頭，更驚覺後面正是梁朝偉。

平常人沒那個命哦！

到了近代，哲學家愈來愈務實。他們不提供一次就能成佛的方法，開始認真面對錢的問題。要讓生活「無憂無慮」，完全沒錢是不行的。

但對常人來說，「錢夠用」的金額也不是個小數目。依我前面提到的十億標準，更是要連中好幾次大樂透才行。

所以多數人就注定一生「有憂有慮」嗎？

「吃都吃不完」，好煩惱

沒這麼悲觀。不同流派的哲學家都認為，完全沒錢難以幸福，但要達到一定的幸福水準，不用「十億」這麼多，因為人類行為有一些先天限制。

舉個例子。有位朋友三十出頭，資產就已超過十億標準，靠的是炒房。他幾年前在都會區買了棟樓，兩年後賣掉，賺了快三百萬。

雖然炒房無數，但他突然有種靈感，決定把這筆錢設定為「伙食費」，所有飲食都從這三百萬扣。他想，自己成天四處跑看房子，那麼「辛苦」，總該吃好一點吧！

他開始天天吃最貴的名店，台北的幾間知名餐廳，他都吃過一輪以上。但吃久也會膩，最後他還是跑回去吃一、兩百的小吃攤。

他最近抱怨：「計劃出了點問題。」

「什麼問題？」

「吃不完。我本來以為一年可以吃完三百萬，但是現在感覺十年都吃不完。」

他把這筆錢放在理財專戶中，如果沒有認真吃掉，比他更認真的理專會幫他愈賺愈多。

「如果吃不掉，錢會變多。」多棒的煩惱。

其實你沒那麼窮

人的欲望，一方面有其享用的極限，另一方面，也不是貴的東西才能帶來內在價值。有時二十五元的滷肉飯就能安撫你悲愴的心，因此對於心態上易滿足、隨遇而安的人，要達到心靈安適的金錢準備就不用那麼多，或許幾十萬、幾百萬就能搞定。

有哲學家認為只要達到某種資產低標，就可以追逐幸福的人生。他們提出「社會基本善」的概念，認為我們應該保障所有社會成員都能享有一定的物質條件，像是食物、住所、教育、健康照顧等等，他們才有辦法承擔社會責任，並追求個人的幸福。

我們的社會福利與中低收入戶的許多保障機制，其實就是這類的「社會基本善」，而台灣絕大多數人都在這條「線」以上。你能看得懂這本書的語句，代表你受過教育，有一定的知識程度，就能挑戰多種人生活動，也能透過這些活動中的內在善來建構屬於自己的「無憂無慮」人生。

所以你根本沒那麼爛，根本沒那麼窮，你只是想太多，而做的太少。

不論有錢、沒錢，**脫離空想做一些實事的人，才能真正「錢夠用」，感受什麼叫「無憂無慮」**。

關於買房子 你為什麼會有這種幻覺？

人生幸福包括許多要素，住所只是其中之一，你若讓房子占去太多的資源，就會讓生命的發展可能性變得太過狹小。

雖然台灣房價在部分區段已飆漲到不可思議的程度，但有些地方的確出現回跌，因此開始有學生在上課作業中問我：「該買房子，還是租房子？」

在我這輩人踏入職場時，買房子還是種正常的人生選擇。但對於當代的年輕人來說，我只想到下面這句話：

「買房子？你為什麼會有這種幻覺？你只能租呀。」

除了極少數職業外，現在普通年輕人根本不可能買得起房子。就算買了，不是被房貸壓死，就是買得超偏僻，光通勤時間就可以讓你精神分裂。**買房子已經不是合乎實踐理性的選擇。**

別被傳統版「幸福人生規劃」綁死了

台灣的房地產是很好的炒作工具，主要原因在於許多台灣人將「擁有房地產」當作「幸福人生規劃」的一環，而且似乎「愈多間愈幸福」，這就對房價形成了強大的支撐。當前房價在交通便利的都市核心地區，被推升到失去理智的程度。但有些高達五、六千萬的老公寓，月租金大概只有兩、三萬；兩千萬等級的，或許一萬五就租得到。

這代表在高價地段買房，每年的地租報酬率不到百分之一。那為什麼還要買呢？因為要賭漲價。如果賭到十年上漲波段，也有可能翻個兩倍，因此也有愈來愈多的熱錢投入。

而抱持著「幸福人生規劃包括自有房屋」加入投標競爭的普通人，就會更加辛苦。太多錢集中於房地產，對於資金市場來說的確不太健康，也會讓其他產業失去資金動能。此外，產出不足，卻大筆吸金的房地產會成為巨大泡沫，隨時可能崩解，而危及整體經濟發展。

先放下總體經濟面的問題，回來看看年輕人。雖說一萬五就租得到二十來坪的房子，但因為上個世代的家長們總抱持著傳統版「幸福人生規劃」，會要求子孫想辦法買房子，這就會形成非常龐大的心理壓力。

原本超時工作和政治局勢就已經讓人很不開心了，現在還有老人在一旁碎碎念，這種生活沉悶指數應該是世界第一等。我沒辦法提供年輕人買房的祕技，但我可以針對這種心靈困境，提出幾個思考角度。

不必管意見一堆又不出錢的人

首先，誰建議買房，就請他出錢。

你爸媽要你買房？那就他們出錢。不只是頭期款，房貸也要他們繳。他們付不起？那就不用講屁話。你也付不起，他也付不起，**大家在討論一個買不起的東西，是在討論什麼？**要不要討論買職棒兄弟隊？

配偶的老杯老木要你買房？那一樣，請他們出錢。

不買房就不允許你們結婚？拜託，口氣這麼大，也要口袋裡有對應的鈔票。只要另一半有意願結婚，何必管意見一堆又拿不出錢或不肯拿出錢的人？

至於隔壁阿伯、過年碰到的親戚、早餐店的老闆娘，統統都一樣，他們如果不願意出錢買房送你，那就不用廢話。

「出錢的是老大」這概念不是哪都能適用，但在這非常好用，因為大家都出不起或是不願出，所以可以堵住全天下催促買房的嘴。

租屋不只是王道，還可以是「霸道」

其次，請專心提升租屋相關技能。

許多人心存買房，因此對於租屋的事情，總是不曾細心投入。其實租房也和買房相同，需要專心尋找、規劃，並瞭解法律以掌握自身權益。太多年輕人認為租屋只是「過渡階段」而隨隨便便，也因此常在交易過程中有所損失，進而認為租屋「不是王道」。

這非常可惜，因為租屋可以是「王道」，甚至是「霸道」。我認識一些收入頗豐的中年職場精英，就決定搬去中部租豪宅，並且「搭高鐵通勤」。

「因為算過之後，覺得價格比在台北買豪宅划算，中部生活環境也不錯。」他們的理由就這麼簡單。依他們的行事風格，這絕對不是隨隨便便的決定。

就算你沒像他們那麼有錢，社會經驗也不夠多，但你還是可以慢慢學習，多蒐集資訊比較，把租屋當成一生的長期規劃。**你不用成為「租屋達人」，你只要在知識與資訊面上勝過多數的房東和房客就好。**

提醒你一點，多數的「包租公」、「包租婆」都是個體戶，在非企業化經營下，他們對於租屋市場的掌握程度並不高。比起買房時面對的專業炒手與大財團，台灣的房東們相對較「弱」，更容易從他們身上賺到好處。

生活型態有很大的彈性空間

第三，利用騰出來的資金空間改善生活品質。

租就是租了，不要幻想你還能騰出一大筆錢「在將來買房」。你就**把租屋和買房之間的價差拿來好好投資自己，讓自己的生活更豐富。**

許多被房貸壓得喘不過氣的「屋奴」，就是整個可用資金都被銀行吃掉，雖然有房子，但過著豬狗不如的生活。帳面上的資產雖然好看，卻都是紙上財富，不能拿來花用，只能放在心中爽。

但租屋的人就大不相同。只要花兩萬租金，就可以住在台北最核心的東區後巷，月收入達六萬的年輕小家庭絕對負擔得起。若連東區都能入住，其他地方就更不是問題，你喜歡哪種生活型態，就可以有很大的彈性空間。

就算住了一段時間後，發現生活機能並非如你所想，待租約到期，也可以隨時選擇「落跑」。但用買的就不一定那麼容易脫身了。

伴侶之間要達成共識

第四，在房地產想法上不能同步的人，大概不會是你最好的人生伴侶。

我上面的說法，如果你看了後能認同，那自然可以照做。如果還是堅持買房之路，那也沒關係，人各有志，自爽就好。

但如果你的配偶或伴侶對於這件事的看法和你有差異，那就麻煩了。因為這涉及生活型態的長期規劃，所以如果沒有辦法達成共識，那在將來的互動中一定會造成很多不快。

因此，**在討論婚姻大事時，房屋方面的規劃請一定要事先敲定**，不要保留模糊空間。連幾百塊的生活用品都有人吵到離婚了，何況是上千萬的房子？

為何要讓房子霸占你的人生？

最後提醒，人生幸福包括許多要素，住所只是其中之一，你若讓房子占去太多的資源，就會讓生命的發展可能性變得太過狹小。

在做生意上，許多店鋪經營者都掌握一個原則，就是若想賺錢，地租成本必須控制在總成本的三分之一以下（工資占三分之一，原料水電成本占三分之一）。

這個經驗法則或許不見得能為一般家庭照抄，但你可以好好思考他們之所以這樣做的意義。

關於愛情

對得起你自己

雖説蓋個章就可以變「家人」，但轉個頭，也可以一秒變陌生人，跑到無影無蹤。

我的「人生哲學」課程有個隨堂問題是：「請問你最信任的人是誰？若他出賣你，你會有什麼損失？」

這個問題旨在讓學生思考自己的人際關係網絡，並進行可能損害評估，建立風險管理的觀念。

多數學生最信任的是父母，會把證件和印章都交給他們保管。這些同學通常假設「天下無不是的父母」，但實際上天下充滿了驢蛋父母，可能用你的名字去開戶，買一堆會虧到勞賽的期貨。所以對此未加留心，的確有些風險。

有些學生不相信家人，反而是依賴便利商店的店員、宅配的物流士與社區大門的警衛伯。這些同學的文件收送、費用經手與網路交易，常由這些社會角色居中處理。就算有其所屬公司作為擔保，我建議還是該對這些人保持戒心，特別是在個資方面。你的生活作息或隱私可能從這個管道流出，進而成為犯罪資訊。不過，因為網路購物的比重愈來愈高，出現這種關係網絡也不奇怪。

對情人的信任，其實是一種賭博

比較特別的是回答「男女朋友」的人。

當然，信任男女朋友，本是人之常情，但居然有學生敢把身分證與印章交給對方保管、運用，這就不太是男女交往的常態了。

雖說蓋個章就可以變「家人」，但轉個頭，也可以一秒變陌生人，跑到無影無蹤。我們很難預測「男女朋友」這種角色的發展變化，這也就是為何總有人被騙財騙色。雖然知道有可能被騙財騙色，但還是很多人選擇「信任」對方，理由或許就是要透過這種「賭博」，才有機會獲得最好的後果。

「下注」時，記得保留點老本

的確，大多數的倫理學家都認為，雙方都完全信任對方，才有可能在婚姻和愛情中獲得最高的內在價值。你要追求情愛方面的幸福，就應該賭一下。

但**感情只是人生幸福的一環，不是全部。你在下注之餘，還是應該留點老本。**「雙方都為對方付出」的理想狀態，是可遇不可求的，因此常人多採保守策略，在情人面前適度地「暗坎」一些東西，特別是錢。吃吃喝喝，當然可以幫你付帳，但要我拿老本出來搏，通常還是免談。

這「保留」可能會引發一些衝突。若未事前達成共識，一旦被對方發現，下場可能就是被拿到ＰＴＴ男女版去「討拍拍」。那邊總有一些金錢糾紛的文章，像是哭訴男友連合吃一粒肉圓都要拆帳，或是抱怨女友花五萬買包包，卻只買三百塊的內褲送他。有些人臉皮厚，不怕罵，就是堅持自己的「暗坎」之路。這ＯＫ，只是你的「姻緣線」可能就比較容易斷裂。

你若想有所保留，又不想挨罵，那該怎麼辦呢？俗語雖說「清官難斷家務事」，但在處理男女感情時，還是有一些倫理原則可供參考。

發現對方的道德有瑕疵，請及早閃人

第一，男女朋友也要講基本的做人道理。大社會適用的道德原則，在伴侶互動時也應該遵守。有些人會對另一半提出違反道德標準或社會常規的要求，像是要對方傷害他人以證明對自己的愛。這當然就不行了，這種交往對象明顯有病，應該立刻換掉。

先確定對方是個「有道德概念」的人，再發展關係。如果已經「有關係」，卻發現對方的道德有瑕疵，**特別是在錢方面的態度有問題**，還是應該及早閃人，以免最後連命都沒了。早點自行「登出」不正常的感情關係，總好過被強制登出人生。

不要一次把感情全砸下去

第二，是要設定停損點。

情感也是種投資，投資一定有風險，有賺有賠，請一定要設定加碼和減碼的標準，不要一次全砸下去。

你可以預先設定若賠到某種程度卻得不到相應的回饋，就該當機立斷地跑路。如果旁人說「撐這麼久分了很可惜」，要你珍惜什麼三萬年的緣分，那你就叫該位熱心人士幫對方代償所有現金虧損部分。

「勸合不勸離」是傳統文化中的錯誤成規，這作法無法通過倫理學的檢證。人在當代社會要保持彈性，**失敗的婚姻和感情，傷害到的都是你**，其他人只會把你當笑話而已。

認識他／她的朋友

最後，談感情不是兩個人的事，請結合更大的人際圈。

想想為什麼親戚或店員出包的時候，你的風險不會那麼高，因為你能找其他相關的人「算帳」，比如找另一個親戚，或該店員的主管。

我們的人際關係是建構在多重擔保之上的，所以，若你和交往對象的人際網絡有更多維度的連結，風險就會下降。請和對方的朋友保持一定的交流頻率，除了壓低被騙財騙色的機率，更可掌握交往對象的隱藏人格。

許多人認為那種「父母雙亡家產數十億無不良嗜好」的對象最棒了，但世界上會有這種人嗎？有多少呢？他會是正常人嗎？會被你這瘸三碰到嗎？又剛好愛上你嗎？想想這機率，你會發現還不如定期買大樂透來得踏實些。

當然，你可能擔心雙方友人重疊，分手後還是要相處在共同人際環境中，很尷尬。

但**尷尬總比損失數百萬來得好。**

投資感情的最終原則，是「對得起你自己」

戀愛和家庭只是人生幸福的諸多可能內涵之一，不見得必備，也不一定對你有最高的價值，因此沒必要把感情當成唯一的成就。

具有內在善的感情，並不一定有完美的結果。若每次戀愛都好聚好散，留下良善互動的回憶，並且都能藉之以提升自我，那也都能對整體人生的幸福有一定貢獻。

所以回歸原點，以正常的人際關係結構來看，還沒有成為真正的夫妻，實在不適合把重要證件和資金交給對方保管，也沒有必要用這種手法來表達對於另一半的信任與忠誠。

但如果你願意擔負這種風險，樂於接受最壞的後果呢？

豪賭並非不可，但你可以想想，**二十年後的你，四十年後的你，六十年後的你，是否都會支持現在的你？**

如果很確定，那就下注吧。感情上的幸福很特別，它只有當事人能夠解讀，所以任何的相關投資，你考量的最終原則，就是對得起你自己。

關於結婚「永遠」是天堂還是地獄？

你要想的是，你真能和這個人一起生活，而且永遠一起生活下去嗎？

哲學家沙特有部劇作叫《無路可出》，許多大學科系的畢業公演會選這個劇碼，我就看過兩次演出。不過我猜學生選這齣劇，不見得是其寓意深厚，而是考量它只有一個景。這劇傳達一個哲學概念，叫「他人即地獄」。什麼叫「他人即地獄」呢？這不太容易理解，但我們可以從婚姻談起。

每個人都該結婚嗎？

我當然不是什麼婚姻專家，多數的哲學家也不是什麼情愛互動高手，離婚、結不了婚的和有複雜伴侶關係者占多數。

但當代倫理學家基本上仍肯定婚姻是人生的主要活動與關係形式，具有一定的價值。

「所以每個人都該結婚囉？」

並非如此。結婚、生子都是一種人生選擇，你選擇這條路，可以創造出其專屬的內在善，如果把時間、金錢改用在另一條路上，也會有另一條路的內在善。**人生幸福可以由許多不同要素組成，婚姻不是必要條件。**

但婚姻活動的情境的確很特殊，難以用其他的人際互動關係類比，像是「同居」或「性伴侶」，都與婚姻有形式上的差距。至少外在善的層面會有一些差異。

講得這麼認真，你會覺得很無聊，我就來談一些比較務實的部分。

因相愛而相守，因擠牙膏而分手

我到了快四十歲，開始發現一些之前沒思考過的婚姻現象。和我同年齡的人大多數已經結婚，離婚的也不少。有些朋友經過長達數年，甚至十數年的交往，但結婚沒多久，可能才一、兩年或幾個月，就離婚了。

我們已沒什麼「勸合不勸離」的浪漫，只要當事人想清楚，他想怎樣就怎樣。如果他願意分享心得，那當然可以討論一下。

有個長期交往後結婚的男性朋友，在經過一年半的平淡婚姻（至少我們外人看來很平淡）之後，默默地離婚了。

因為太默默，朋友群多數不知道這事，直到需要夫妻一起出席的場合，他才做了完整的說明。

「就是覺得不能再走下去。」

「所以之前交往那麼多年，還是有沒看出來的問題？」旁人追問。

「交往和結婚這兩種狀況不一樣。還沒結婚的時候，就算吵起來，想的也是『之後再發生同樣的事就分手』、『算了，以後也不見得會和她繼續』，所以可以忍，什麼都隔一段時間就算了。但**結婚之後，就有種和這傢伙會沒完沒了的感覺，愈想就會愈**

氣，最後就受不了了。小事也受不了。」

一位朋友分析：「這就像有些人會因為擠牙膏的方法不同而離婚。不懂的人會說雙方因為這種小事離婚很蠢，但對當事人來講，接下來的人生，每天都要因為牙膏而生氣耶，一想就會昏倒。在旁邊嘴炮說這是小事的人，又不用經歷這一切。」

「這就是沙特的《無路可出》裡頭的內容嘛。」我補充。

「什麼意思？」

「我們現在一起在這邊烤肉，大家很開心，但是如果我們要一直擠在同個空間，一起生活呢？擠一輩子呢？鐵定會受不了吧！」

「沒完沒了」令人崩潰

《無路可出》這齣劇的內容，是三個人下了地獄，但地獄看來卻像是個舒適的旅館。他們三人開始閒聊，到最後終於理解為什麼那邊是地獄：他們無法逃離，也不會累，只能永遠不斷地聊天下去。

這就是最可怕也最難受的事了。

你現在可以忍受身邊的乘客、隔壁桌的用餐者，是因為幾分鐘、一小時過後，你就可以離開這個人。如果他會不斷出現在你身邊呢？一個原本可以接受、甚至以禮相待的陌生人，就會成為很大的「威脅」。

許多看來濃情蜜意的伴侶，其實存在一些外人不得而知的衝突。如果其中的受害者只是因為「或許明天就分手了」這樣的自我調適而隱忍，那麼一旦當戀愛關係因拖太長而自然轉變成婚姻，那「往後無限延伸的時間」所引發的各種想像，就會讓人崩潰。

「有規劃的未來」和「不知盡頭的無限」，是兩回事。情侶將關係轉成婚姻時，多少都會明確規劃彼此互動的原則，但他們往往沒有想到結婚之後，許多並未規劃到的部分，會被不知盡頭的無限感給拖垮。

「一想到沒完沒了，你就受不了。」

所以一想到之後幾十年早上起來都要看到從前面擠的牙膏，就崩潰了。

好笑嗎？如果你是當事人，你就知道一點都不好笑。

婚姻生活是試煉的真正開始

當學生或晚輩問我婚姻到底是什麼，我也怕給出沒有幫助的答案，因此只能這樣回答：「就是生活。」

「什麼意思呢？」

「結婚就是組成家庭，和另一個人一起生活下去。你要想的是，你真能和這個人一起生活，而且永遠一起生活下去嗎？」

「我也許能和某個人一起生活，但是和他之間沒有愛呀。」

「不可能。你能和某個人一起生活，永遠生活下去，彼此之間一定有愛。沒有愛是辦不到的。」

不是因為愛而能一起生活，而是透過良善的共同生活才能體現出愛。

如果他人即是地獄，只有愛才有辦法從地獄脫出。然而，愛不是長在嘴上，只有實際生活才是真正的試煉。

關於獨立

用「結婚」和長輩一決勝負

用舉辦婚禮的強勢態度，來證明你是個有自主能力的成人吧。

有個以前教過的學生，馬上要結婚了。她嫁給經濟條件非常好的另一半，但在婚前幾天，卻憂心忡忡地發訊息問我：

「已經講好了，結婚時男方會準備八十八萬聘金來擺盤，而女方會退回。不過，雖然這樣約定，我很擔心我媽到時候見錢眼開，會突然收下聘金不退。雖然夫家那邊很有錢，可能當場只會笑笑，但之後我在夫家就不用做人了。到底該怎麼樣做，才可以避免這種狀況發生呢？」

狠話一次撂到底

現在多數的女方家庭為了避免有「賣女兒」的感覺，結婚儀式中由男方提出的「聘金」部分，常只是擺個喜氣，不會收下，最多只是收下盤子和紅包袋，錢會退回。相對來說，男方也不會要求任何嫁妝。

不過，聽完她的問題，加上之前曾聽過她抱怨母親的貪財舉止，我推論她所說的狀況確實有可能發生。雖然一瞬間腦海閃過很多「策略」，但我只給了以下的建議：

「我建議你和你媽直接攤牌。直接警告她不可以這樣做，狠話一次撂到底。」

「怎麼說呢？」

「你就私下對她講，如果她敢收下聘金，就算你穿婚紗，也會當場脫高跟鞋喀她的頭，以後就不用做母女了。」

「這太猛了吧！我不敢講耶！」

「你也告訴她，如果她能忍住，接下來你會有一大堆的八十八萬，也可以分給她花，不用急於一時。**說清楚，講明白，再貪心的人也會停手。**不講清楚，她就會打迷糊仗，想說你是潑出去的水，不趁現在占你便宜，以後就沒機會了。」

爸媽別再執迷不悟

為什麼會給這麼「暴力」的建議呢？我不是講倫理道德的嗎？

現代年輕人面臨許多家庭困境，其成因往往在於錯認自己的社會責任。多數台灣家庭一直不肯對小孩的支配權放手，因此許多人就算成年了，還是沒體認到自己是個成人的事實與責任。

即便如此，**到了結婚，還是應該徹底下定決心來「成人」，因為另一個人的生命將與你緊密相關，你有超出原本家庭成員的關係責任了。**

你該有一些強力的表示，像是透過「結婚大典」來教訓「不懂事的父母」。

很多年輕人會被傳統「孝道」的外在條件綁縛，像是婚喪儀俗、三節禮敬等等，但只要清楚孝的真正涵義，就會知道這些枝節其實是真正孝心的阻礙。古典孝道的外在條件，在今日的社會經濟環境中早已不適用。

今日的孝道應更強調多元互動與尊重，以增加彼此價值為主要目的，而**不是單純消耗年輕人以成就老人。**

你家的事，何必管三姑六婆怎麼說

許多父母、長輩的行為之所以乖張，正是因為子女一直沒有當面指正過他們，而如果子女不指正，旁人也會覺得那是你家的事，「我們笑笑就算了，才不管你們家去死呢！」這樣問題永遠都不會解決。

你不能等清官來斷家務事，你要自己斷。

那個同學的母親，認為把女兒養大，趁嫁出去撈一筆，是合理的計算。但聘金這個儀式本來就可以被檢討，把女兒養大來換錢的概念，更是問題叢生，說不通的。

但短時間內要教她改正觀念，當然來不及，那要怎麼辦呢？

當然就是當頭棒喝，震撼教育，直接告訴她「不可以」。

當然，也不見得要真拿高跟鞋「喀」她的頭，只要當面撂狠話，就很有震撼效果。讓她知道事情不是像她想的那麼單純，那麼內在，那麼白家的事。你小孩結婚，就是和他人掛上關係的事。不是你爽就好。

「可是這樣講，不是很不孝嗎？」

許多人擔心這麼強烈的表態，三姑六婆會有意見。但她們有意見又怎樣？她們是會拿錢給你花嗎？出事死的可是你，她們嘴炮出錯，只會龜回家，兩天後又復出嘴炮，何必管她們？

她們不把你當人看，那當然就要把自己的幸福生活建構在作踐這些嘴炮人之上。

結婚是一種自主能力的表態

不只是女生，我認識的許多三十代男性，往往也是透過獨斷的婚禮安排來對家人表態：我已經是社會人，有自己的責任領域，聽我的，一切會進入狀況的。

他們也差不多在這樣表態的同時，於事業上獲得重大的突破與成就。

我也有許多「兄弟」力排長輩意見，決定婚禮不宴客，或者是想一些辦法來排除貪小便宜的親戚。

有人將婚禮辦在北海岸的飯店，弄成沙灘婚禮，將禮金固定在一人兩千，以輕食吃到飽的形式，來排除一些只包六百來全家，還喝酒鬧事的鄉下親戚。

這種對長輩示威的作法，是擺明的抗議，在某些長輩的眼中就是「不孝」，但**這種作法才是盡了「社會責任」：教育長輩知道什麼叫作更好的做事方法**。

這些朋友的婚禮過程和婚姻本身都相當愉快。雙方家長都因此知道「這對年輕人不好惹」，不會去干預他們之後的生命規劃。

許多婚姻之所以產生問題，就是在於配偶要求另一半盡成人的社會責任時，他卻以小孩的角度來思考自我的處事。這當然只會造成更多人的不快。

所以呢？

用舉辦婚禮的強勢態度，來證明你是個有自主能力的成人吧。

否則就不要抱怨在社會上老是被人看雖小。

關於獨身
一定要結婚嗎？

每個人的人生一開始都是獨身的，你本來就是在各種人生可能性中做選擇。

談了結婚的可怕與困境，好像會讓人不想結婚。但獨身呢？獨身更好嗎？

近來在日本有許多老人「孤獨死」的問題，許多長輩都是死了許久之後才被人發現。這些老人多半曾經有婚姻關係，但另一半先離世，又沒有小孩或小孩早已失聯，才有這樣哀傷的結局。

「孤獨死」，要找誰送終？

當然，看這種消息，更會讓獨身的人膽戰心驚。萬一我死了沒人送終，那該怎麼辦？

你都死了哪會有怎麼辦的問題呀？要問怎麼辦的，是發現你的遺體、幫你收屍的人呀。當然，如果你都死了，在天界還擔憂是否會造成凡間的困擾，的確是很佛心的啦，一定可以往生西方極樂的。

真擔心造成別人的困擾，你就該預先購買專屬於老人的照護安養服務，他們會定時來查看年老的你是否掛掉，就算來的時候發現你死了，也會有很完善的後續處理方式。

「他們會不會收了錢不辦事？」

當然要找聲譽比較好的業者了。就算你死了，又沒有親人，正派的禮儀公司也會認真幫你處理，因為他們要做給其他活人看，這樣才會有新客戶。公司可是要永續經營的。

有些具傳統信仰的人，會擔心死後沒人拜，在天界會很餓，或是沒有錢可以買哀鳳。這同樣都有禮儀公司會處理，只要有現實世界的真錢，多的是企業樂於處理這種事。

自己的餘生自己救

其他人對於孤獨死的擔憂則是另外一面，他們擔心自己死前會有一段非常痛苦且無助的時期。但你同樣可以花錢去住老人院，去聘一些優質的看護，這些人拿錢辦事，說不定比家人還認真與你互動。這正是「久病床前無孝子，掏錢孝女成兩排」的真義。

「那沒有錢要怎麼辦咧？」

去賺呀！又要自己獨身，又不想準備餘生事宜，難不成你要叫政府出錢嗎？你來這個世界是存心擺爛的是不是？

自己的餘生自己救。人死了錢都帶不走，沒有小孩後人，就該花的都花一花，弄點信託保險，**讓自己老得像樣，死得像樣。**

那些說好的幸福呢？

從這個孤獨死的思考，我們可以進到對於獨身的想像。獨身是否會是幸福的呢？

幾乎所有結婚或育有子女的人，都曾感嘆自己為家庭所付出的巨大成本。我曾經為了照顧家人，寫作的產能降到十分之一，甚至更低，除了賺不了錢之外，還要向欠稿拖稿的各家媒體、出版社叩頭陪不是。但有家庭的人都清楚，這種交換是值得的，也是應該的，不然早就棄家而逃了。

為家庭付出那麼多，是因為能夠帶來很高的內在善，因此不少倫理學家相信，就算你在其他領域所獲得的內外在善非常有限，你也可以透過緊密且成功的家庭互動，來創造出足以超越其他行動的價值。

那獨身呢？

別忽略了你所擁有的

獨身只是選擇不投資在這方面而已。獨身者當然比較難以經驗到婚姻與育兒活動的內在善，但因為相對騰出的外在善與時間非常多，他們可以在其他方面追求卓越，並且獲得令人稱羨的內在善。

舉例來說，犧牲家庭而拿到奧運金牌的運動選手，會羨慕提前放棄運動而擁有幸福家庭的前隊友。但這個幸福的隊友，說不定也會羨慕你有那面奧運金牌，並且為自己沒有繼續運動而感到惆悵。

人總是著眼在自己沒有的部分，卻沒注意到自己擁有許多。當然也有許多獨身者的其他表現並不特出，這可能代表他浪費了「因沒有家庭而可自由運用」的那些外在善與時間，這就是他自身的責任，怪不了別人，也怪不了「獨身」。所以獨身者該怎麼做？

獨身只是一種選擇

根本沒有怎麼做的問題。每個人的人生一開始都是獨身的，現在應該已經沒有指腹為婚或童養媳，所以你本來就是在各種人生可能性中做選擇。組成家庭的人，是他們選擇進入婚姻，接著再選擇是否生子。

你不選擇這條路線，就要**確定自己接下來要幹嘛，該怎麼把時間和資源做最有效的**

利用。畢竟「結婚」的一大特點，就是會有另一個人跑來擠壓你、逼你認真往前，「生子」又會多一個人甚至一票人來要求你負責任，因此你比較可能被推動往前拚命。

但獨身呢？就真的只能靠自己盯自己了，這大概就是決定獨身者最重要的心理建設。如果缺乏這種動力，那就想想幾十年後那個即將孤獨死的自己，想著老邁發抖的他，一路從病榻爬到你的腳邊，抓著你的腳踝大罵：「我到那邊還要用手機、平板、筆電！Wifi也要有！你給我好好賺！叫禮儀公司一定要燒給我！」

這樣，有另一個人（或「靈」）來逼你，或許你就會比較認真安排自己的獨身生涯了。

關於薪水
你被老闆吃死死嗎？

公司不會為你的人生負責，只有你「可以」也「應該」為自己的人生負責。

我的多數學生畢業後找到的工作薪資，通常都會低於心中設定的標準。等進去公司後，他們又會碰到「與老闆理念不合」、「工作要求過多」、「不知道是否應該跳槽或再進修」等一系列職場新鮮人的常見問題。

他們透過網路來請教我解決之道。這些困境屬於多個向度，也有各自的成因脈絡，在這麼短的篇幅中很難深入論述。不過有個簡單的「心法」，可以突破絕大多數的「職場第一年困境」。

那就是「一分錢一分貨」。

入門心法：一分錢一分貨

「這是啥意思？買東西嗎？」

我說的一分錢一分貨，是指**薪水與勞務要對等**。如果老闆付你兩萬五，你就提供他兩萬五等級的服務，就這樣。

「可是我看很多講職場、談就業的文章，都說年輕人不要計較第一份薪水，先學習，有了成果之後，再爭取高薪耶！」

那也必須是你能學到東西的公司。若這公司能讓你學到東西，那就把「所值學費」加「薪水」一起計算，為公司提供等價的勞務。

如果這工作只要求你不斷輸出，除了薪水之外也沒辦法多給你什麼，那他付多少

Ｋ，你就還他多少Ｋ，這正是職場倫理的奧義。

有許多大老闆、知名社會賢達出來談什麼「職場倫理」、「新人應具備的品德」，多是狗屁，那些文章一半是想騙年輕人為他賣命，是業配文；另一半，則是商業媒體為了吸引讀者，為了引戰、衝高點擊數所生出來的東西。人家是為了他自己，你還以為他是佛心為了你好？

你的勞務和薪資對等嗎？

那該相信誰？當然是相信你自己。

你自己去感受。感受你從這個工作「獲得什麼」，然後提供「對應的輸出」即可。勞資雙方如果對此無法達成共識，那就走人。

這個世界上，**「能夠」**、**「願意」**且**「應該」為你的人生負責的，只有你自己。**那些經管專家、職場作家，會為你的薪資負責嗎？會為你的血尿和爆肝負責嗎？不會，他們只對自己的編輯負責，拿到稿費、版稅就功德圓滿，誰還管你去死？

所以回歸原點，你該怎麼看職場工作？怎麼拿捏勞務與薪資之間的天平？

你從小到大在這個社會混那麼久，有自己的生活經驗，早就知道什麼是公平正義，知道什麼是「對等」或「合適」。他們唬你說：「你不懂，這是我們這一行的規則！」你就拿大社會的規則說：「那你們這一行在這個社會就徵不到像樣的人。」

人沒有一定非做什麼工作不可，但人人都該追求公平正義，因為這是獲取幸福的必要條件。你也許寫不出「公平」、「正義」、「倫理」、「道德」的定義，但當你去小七購物，你會知道這罐茶二十塊可以買，賣到五十塊就神經病才會買，賣五塊你會害怕有鬼不敢買。

薪水少了，至少誠意要到

這就對了。你會發現自己做得多，但比別人領得少。一開始可能漏看、誤判，但做了一段時間，你會很確定自己沒有受到公平的對待。

你如果能替公司賺到三萬五，但只領兩萬五，那剩下的一萬，就是要爭的部分。公司會扯說什麼幫你出了勞健保，但那是他們本來就有的法律義務，有意見請找政府算帳，關你屁事。

那差額的一萬，要嘛付現，要嘛就是改善勞動環境，多放假，不然就是要求上司對你的態度好一點。**並非什麼都要數字算清楚，「感覺誠意有到」就可以**，但多的是公司「完全感覺不出什麼鳥」。

萬事皆可喬，唯有你不喬。

如果公司欠你一萬不給，你就講明要他們記得每個月都欠你一萬的人情，將來一定要還，不還的話就走著瞧。談不下去，談不動，談不出來，那就考慮閃人。

許多家中長輩、鄰居等無聊人士，常批判年輕人一直換公司，但他們若同樣沒付你錢，也不會支持你的人生，那就先不參考他們的意見。

實務學習：經歷過一次「生產週期」

要不要換公司，除了前面「一分錢一分貨，大家互相」的原則，在「能不能學到東西」的層次，還可以參考一個更實務的考量：是否已經歷過一次「生產週期」。

每個公司都有自己的營業循環或生產週期，可能是幾週、一季、半年或一年，之後就是類似的事一直循環，你能學到的東西就愈來愈少。是以就算公司沒辦法一分錢一分貨，你也可以**能否從中「學習」、「抄襲」到什麼有價值的知識**，將這部分也納入所得來考量。

如果做了一個以上的生產週期，發現已學不太到東西，公司依然是鳥樣子，不把你當個重要的人看，那就可以跳了。老話一句，他們不會為你的人生負責，只有你「可以」也「應該」為自己的人生負責。

第一優先：保護你自己

總結來講，你要怕的不是找不到工作，而是怕自己「沒膽」認真執行一分錢一分貨的硬道理。你領兩萬八，貢獻兩萬八，這種人一定多的是公司要聘。

那什麼時候要「讓」人？多給人一點？

等你強大到能幫助別人時再說吧。

當你可以幫公司多賺幾十萬一百萬時，你會清楚那就是能回饋眾人的時刻，而這時候的你，也才能對公司有真正的幫助。相對來說，執著於壓榨低階員工勞動力，只為了擠出一、兩萬元的微利，這種小鼻子公司，實在不宜久留。

在「職場第一年」的第一優先，就是「保護你自己」。

關於工作

做個「不要臉」的上班族

現在年輕人的問題，並不是沒有道德觀念，而是「恥力」（臉皮的厚度）太差了。

「**人不要臉，天下無敵。**」這話大家都聽過，但做得到嗎？

「這應該不是好話吧？」我知道你一定會這樣質疑。這句話的確是用來罵人的，但也能有正面的運用。

若要我送一句話給畢業生，我就會送這句。為什麼呢？因為現在年輕人的問題，並不是沒有道德觀念，而是「恥力」（臉皮的厚度）太差了。

我到各校演講時，後面都會留五到十分鐘的發問時間。可能是怕問蠢問題被同學笑，或是擔心曝露自己的意識型態主張，因此絕大多數學生都選擇坐在位子上傻笑。

學生們雖不想問，但主辦單位總是拚命要求學生提問，一直在那兒：「不要怕問笨問題呀！」「某某同學要不要代表問個問題？」「機會很難得耶！」「周老師特別從台北下來哦！」

講廳迴盪著主持人急切的呼籲，直到時間拖完。其實這樣逼迫，學生更不敢問，但客隨主便，我就是站著陪大家一起傻笑。傻笑就有錢可以領，多好。

鼓勵學生有問題用寫的

我自己的課從不保留時間給學生發問，而是鼓勵他們把問題寫在隨堂作業上，我下週再不記名地回答他們。這樣心理上有點緩衝，學生比較能問出具攻擊力的問題。

經過一段時間的問答對應，這種「筆談」方式確實能訓練出一批勇於提問的學生，我就收過下面這些「氣勢如虹」的問題：

「老師你覺得自己的禿頭還有救嗎？」

「為什麼大家都說男人那裡愈大愈好，我卻覺得男友的太大了，做起來很不舒服？」

「班上有位女同學每天都穿得像是個婊子，老師認為她真是個婊子嗎？」

有些問題我當然不會直接念出，會轉一圈來回答。

恥力不夠，就該學著「不要臉」

但絕大多數的大學生沒有機會接受這種「提問教育」，害羞的心態會一路保持到職場，這就麻煩了。

到了公司，有問題也不敢問，怕被人認為很蠢。但**真有問題卻不問，也不知道該怎麼偷看偷學，這只會導致更多的蠢事發生**，反而引起管理階層的不滿。

更大的問題是，有關於自己的薪資、福利，也不敢追問，最後被公司騎在頭上，平白損失一堆合理、合法的權益。個人的處境愈來愈差，也就難以在競爭激烈的職場突圍。

所以我還是建議：「人不要臉，天下無敵。」

年輕人，你若恥力不夠，就該學著「不要臉」。

為團購謀福利，是「好」的不要臉

「不要臉」只是種手段，只要有正確的目的，就可以展現出「勇氣」之德。「勇氣」的定義是「犧牲自己以幫助他人」，也是達至幸福的必備三德行之一。其他兩者是誠實和正義，你依上述脈絡仔細思考，就會知道三者密不可分。

你要學「好」的「不要臉」，而不是「壞」的。標準很簡單，就是這「不要臉」是否可以創造「共同善」，一種能分享的價值，能提升社群整體的幸福。

偷吃辦公室冰箱裡其他同事的蛋糕，這是不要臉，卻是「壞」的不要臉，因為這損及了他人的應有權益，又對社群沒有幫助。

去和很凶的老闆「盧小」，談判爭取團購雞排打折，這是不要臉，卻是「好」的不要臉，因為**這能擴增你所屬團隊的共同價值。**

如果你的不要臉，是犧牲自己以成就群體，那通常就是好的。若這不要臉，是以作踐自己來追逐個人利益，那通常就是壞的。

先搞清楚談判的出發點

「利他」原則好像是判斷上的關鍵，但有時並沒那麼容易拿捏。像是談個人的薪水。我厚著臉皮，去和主管談判我的薪水，這到底是「好」的不要臉，還是「壞」的不要臉？

回答這問題需要更多資訊。你認為自己目前的薪水「不公平」嗎？你認為爭取到更高的薪水後，會讓你更有意願為公司付出，替公司帶來更多正面的收益嗎？又或者是，你只是想用「盧」人的功夫，在沒有實績的狀況下，硬要公司給你一個方便，爭取超出你應得的薪水或福利？

如果你爭取薪水，是要確立公司的公平制度，那對於團體來說，就是有益的。若你只是想打破分配格局，意圖從中騙取一些好處，那當然是錯的。

人一要臉，被當馬騎

你自己心裡明白，什麼是「好」的不要臉，什麼是「壞」的不要臉，只是你逃避思考這個問題而已。你摸摸自己的良心，答案就很清楚。

同樣，你也可以藉此區分職場上、生活中的他人，誰的「不要臉」是為了利他的目的，誰的「不要臉」又單純只是在惡搞。

你應該去揭發那些壞的，援助那些好的。憑什麼呢？當然還是憑「不要臉」了。只要「好的不要臉」全團結在一起捅爆那些「壞的不要臉」，這世界就和平一半。

「人不要臉，天下無敵」，而「人一要臉，被當馬騎」。**只要目的良善，該衝就衝吧，你都不衝，有誰敢衝？**

關於

自我經營 如何電爆全世界？

「創新」、「機敏」、「結盟」與「清醒」，能在一個愈來愈健全的網路世界中發揮關鍵作用，幫助你完成人生目標。

我有個還算具人氣的臉書專頁，也有數個固定的網路專欄。最初起家的部落格，目前也累積了數百萬的點閱。

這代表什麼呢？

不是代表我很受歡迎。雖然走在街上有時會被認出來，但比起真正的網路紅人，還差得遠了。

有個做網路行銷的學生評估過我的市場地位：「老師基本上就是小模等級。露奶那種。」

擁有一個能充分展現自己的傳播平台

我想談的當然不是胸部，而是操作網路的「技術」。透過我掌握的各種網路與媒體，我想表達的意見，通常可以在一小時內投放到數萬人眼前，並在一週內達成數十萬人點閱的效果。

這就是所謂「新媒體」的力量。其傳播效益非常驚人，但成本非常低。對我這個經營者來講，開拓這些傳播管道的費用趨近於零，頂多就是我自己的手機費用、家中網路費用，還有自用電腦的硬體成本。

我相信你應該有智慧型手機或電腦，也有寬頻網路，因此這些成本你也在花，但卻沒有像我這樣的傳播力。這不是很可惜嗎？

所以我要給你個良心的建議：「你也該經營一家新媒體。」

培養自己專屬的大能力

先別急著搖頭。

我的意思不是要你搞成像TVBS、壹傳媒那些媒體巨獸，也不是像我當個網路寫作者，而是要**擁有一個你能控制、運作，能充分展現自己的傳播平台。**當你想表達你自己時，你知道怎麼做，並且在有限的成本中發揮出最大的效果。

這樣講好像還是很難理解。或許我應該修改上面那個良心建議，更具體一點的說法是「你應該擁有操作網路新媒體的能力」。而要擁有「操作網路新媒體的能力」，最直接的方法，還是自己試著搞一個「新媒體」。

別把「新媒體」的標準設得太高。你開一個臉書粉絲專頁，或設一個部落格，又或是一個影音帳號都可以。只要和你本人私生活帳號有所區隔，就算是最初階的「新媒體」了。

接下來你可以試著去「經營」，讓這個網站跨出你的人際圈，接觸到原本所無法觸及的人群與世界。

那該怎麼經營？

「關鍵技術」就在這。經營新媒體的方法與技術汰換得非常快，在我們的經驗中，每一季都必須進行策略調整，否則就會被市場上的新競爭者「吃掉」。

我無法預知你看到這本書時的網路世界。也許我在網路上已被淘汰，或是我給你細部指點多已不合用。因此，我要給你的建議會是粗略的「大方向」。你應該透過經營新媒體的過程，培養以下的幾種「大能力」。

「創新」的學習：跳脫過去的框框

第一種大能力是「創新」。

我知道這很爛梗，大家都在講創新，特別是完全沒創意的政府單位。但我要提的不是空泛的創新。

當前新媒體的特色之一是「高彈性」，改變自身的速度非常快，可能從純文字切到圖像介面，又外加影音，最後變成純影音。它們透過這種快速演化來對應市場需求。

那你呢？你也要快速演化。**你不能只停留在自己專長的領域，而是要勇敢的跳出去亂搞。不只跳一次，可以跳很多次，一直跳。**這就是我說的「創新」，改變過去替自己設下的框框。

或許你喜歡攝影、自拍，但其實真正能電爆全世界對手的「潛能」，卻是「幫圖片下標」。幫圖片下標的搞笑也是種新媒體形式。

「機敏」的練習：短時間內想出解決方案

第二個能力是「機敏」。

如果傳統媒體是鋼彈卡通裡的綠色薩克，那新媒體就是紅色有角的薩克，三倍速。網路新媒體對資訊與新聞事件的反應與傳播速度，有時遠比電視台派ＳＮＧ車還快。因此傳統紙媒在網路化之後，也能和電視媒體競爭，甚至直接把對方影像部分的市占吃下來。

像我們這些時論專欄作家，常被要求針對突發社會議題寫一、兩千字的評論，但「生產時間」呢，往往被壓縮到只有兩、三小時，幾乎和媒體產出一篇新聞同樣快速。

你不靠這為生，手腳不用這麼快，但**你可以學著「做反應」**，當事件或問題一出現，你就逼自己短時間內想出一、兩個解決方案，再慢慢試著去修正，並逐漸減少修正時間。

操作個人的新媒體就是最好的練習方式，像是試著縮短「從吃完一頓早餐到寫出這間餐廳的評鑑文」的時間差。

「結盟」的經營：建立橫向的人脈網絡

第三個能力是「結盟」。

各新媒體競爭者之間經常有合作計劃，多方共享資訊與開放版權，只求擴展疆土，增加市占率。《蘋果日報》與《聯合報》集團旗下都有這種與競爭者的無償合作。

你不能事事計較，當獨行俠，要盡可能和其他操作新媒體的人合作，在拓展出自己的一片市場之前，先別計較收益方面的事。

我不是要你完全不「向上」爭取收入，那只會寵壞老闆，而是要**透過互惠行為，建立「橫向」的人脈網絡。**

這會讓你慢慢具有實質影響力，等影響力大到一定程度，朋友多到一定數量，你絕對不愁吃穿。

「清醒」的必要：多看，多聽，多注意

最後一個能力是「清醒」。

在擁有新媒體並慢慢走向成功之路的同時，你可能會跨越道德的邊界。當前新媒體的黑暗特色就是「大量違規」。許多新媒體會不斷挑戰現有的法律與道德界線，以拓展生存空間。

盜取大量文章，或是傳遞錯誤、誇大資訊的騙點擊網站（又稱「內容農場」）就是一例。

違規取勝是很大的誘惑，但你應該練習保持清醒，多看，多聽，多注意，你會發現這個行業的起起落落，瞭解他們從違規中獲得的好處與付出的成本，你直接「吸收」這些日月精華，就能有所得。**不用真的自己搞，也真的沒必要惡搞**。

網路只是個工具，你還是活在真實的世界，會受到真實世界的道德原則與法規的限制。我看過太多年輕人投入這個市場後，因為沒注意相關問題而大爆炸，才二十幾歲，社會人生就已經掛了一大半。

網路世代必備的關鍵德行

我前面提過，想追求幸福，需要在參與社會活動的過程中具備德行以追求卓越。而上面提到的「創新」、「機敏」、「結盟」與「清醒」，都是利用網路時的重要德行。

不管你將來是否透過網路來謀生，不論科技有什麼變化，這些德行都能在一個愈來愈健全的網路世界中發揮關鍵作用，幫助你完成人生目標。

你搞的新媒體就算無法成長茁壯，透過投入這類活動的過程，也可以強化這些德行，並運用在其他的領域。

所以趕快開家新媒體吧！失敗至少可以固本強身，成功說不定可以福國救民，還有機會可以發財，多好！

自省
每年都該寫「五句式自傳」

你的人生安排，真的是「你的」人生安排嗎？還是你的父母聽鄰居八婆吹噓，就逼你一定要走的路？

應徵或應考，通常都會要你附上自傳一份。

但這自傳到底是用來幹嘛的？

眾說紛紜，不過之所以要求給自傳，或許是因為「之前也有要求」，所以現在的承辦人就叫你提供。

但這東西根本沒啥人會認真看呀！

因為大家都寫得很假掰，閱讀者也知道那缺乏實質意義。同樣的資訊看履歷表就好了，另外生一份說書版的幹嘛呢？

生命中最重要的五項價值

不過，自傳是種很好的自我反省工具。我有些課的隨堂作業會請學生寫自傳，是依以下的模式來操作。

「請用一句話介紹你自己。」

把過去二十年的生命稍微過濾一下，找出最具代表性的一件事來談談。因為只有一句話的空間，我看過的回答通常是「在××縣市長大」、「得過××獎」、「自××校畢業」之類的身分或資格認證。

但這還看不出什麼意義。你還要進行的第二步驟是：

「請用五句話介紹你自己。」

原本的那句話請保留，你要思考對自己來說「第二重要的事」是什麼，然後是第三重要的事，第四重要的事，第五重要的事。都想出來之後，再依時間軸排列一下順序，這題的答案就出來了。

那我們可以透過這種自傳獲得什麼呢？你可以透過這五句式自傳，找出對你而言最重要的五項價值。請你拿這五項價值進行進階思考。

這樣的人生真是你想要的嗎？

第一，這些價值真的是你想要的嗎？像學歷、經歷、婚姻、事業，是否真是你的人生目的呢？

有些人的五句話，會是「貴族小學」，「學區國中」，「第一志願高中」，「第一志願大學」，「第一志願公司」。旁人看到當然會：「哇！真是尊爵不凡！」但這真是你想要的嗎？會不會只是「別人」，也就是你的父母想要的？

你的人生安排，真的是「你的」人生安排嗎？還是你的父母聽鄰居八婆吹噓，就逼你一定要走的路？

很多年輕人不喜歡回鄉過年節，是因為老家親友總比東比西，比小孩學歷，比工作薪水，比嫁娶速度，比生育能力，然後又開始比小孩學歷，無限循環。

其實**最空虛的人生，就是那些八婆的人生。他們沒有自己的故事。**

這些經歷夠獨特嗎？

第二，這份自傳中的五種價值，是否有獨特性？

這五種價值，是種普遍的社會條件，除了你以外，也有很多人具備？或是如果沒有你，這些價值也會連帶消滅呢？

比如說「讀過台大」。

我讀過台大，也因此知道很多人一輩子最具價值的經歷，就是讀過台大，之後沒有了。這種「只有台大的人生」，真的好嗎？

拚著讀台大，不是為了之後更好的人生嗎？

但之後「更好」的部分呢？

台大之所以有價值，不只是第一志願，也包括了歷來校友的價值反饋，這些校友的成就讓台大更有價值。因此，把「台大經驗」排在第一順位是不夠的，還需要更多的加值部分。

你應該盡量在人生中創造獨屬於你的價值。像是「開了××街最好吃的肉圓店」，雖然只是個小成就，但如果沒有你，××街的餐飲店等級就降了一階，那你的存在就是種獨有的價值了。

這些過程有助你達成最後目標嗎？

第三，這些價值彼此有關嗎？你的人生是首尾相連的整體，還是破碎、無關的片段？

不是說看來連貫就好。以前在台大時，同儕間會戲稱某種人是「建（北）台台台．台」，就是建中（北一女），台大學士，台大碩士，台大博士，台積電工作到退休。

看起來是不錯的人生？別忘了，我前面才問過，這種「一條龍生產線」的人生，真的是當事人想要的人生嗎？

你的五種價值可以看起來是分裂的，但**最好有個潛藏脈絡，可以將之整合起來**。若這個潛藏的脈絡是你真正想追求的人生目標，那這種分裂就可接受。

比如「去過馬丘比丘」、「曾經三天三夜讀書沒睡」、「用倒退的方式逛完大溪老街」、「在學校裡面偷賣過便當」、「決定搬到台中」這五件看來無關的事，若能夠用「想當一個說到做到的人」整合起來，那就沒啥問題。

而看來一貫的「建（北）台台台台」人生，如果找不到這種目標性，或是這種目標性並不值得當成人生的整體目標（如「蒐集可以向人炫耀的學歷」），那就應該調整。

若能從中挖掘出能整合人生的恰當目標，不論這目標有多卑微（即便只是「製造出自己的隨身小物」），那也比缺乏整體目標的人強。

每年都來寫「五句式自傳」

如果你沒有方向，那在設定人生終極目標時，可以參考個人生長的社群傳統。因為你的行動目標通常會受到社群價值觀的浸潤，這價值觀可能早已默默地將你的各種小目標整合在一起。

不論你選擇什麼樣的目標，你都該定期整理自己的想法。所以每年你都該寫一篇關於自己的五句式自傳，**看看和前幾年有什麼相同，又有什麼不同，思考一下這些同與不同是為什麼**，你就知道「你自己」是誰，你從哪裡來，你能夠做些什麼，你將往何處去。

希望你人生最終時的五句，可以不輸給「建（北）台台台台」，還能夠簡寫成「爽爽爽爽爽」。

關於朋友
大家都該組個兄弟會

當你怎樣怎樣，他們會自己出現。這才是朋友，這才是你需要的友誼。

我有加入兄弟會。

這個兄弟會的發展運作，基本上是祕密，一層又一層的祕密。

因為成立之初對於選擇成員有設下標準，其內核會員都相當優秀，常成為我討論做人處事、職涯發展時所引用的實例。學生們頗好奇這樣的組織，不斷追問細節，而我的標準回答是：

「沒什麼，就一群男生吃吃喝喝而已。」

「女生也可以加入嗎？」

「當然可以，不多就是了。有些大學女生也有組姊妹會。如果你沒概念，可以看美國的大學電影，裡面通常會提到兄弟會或姊妹會。」

「是不是都有宗教背景？」

「不一定。」

「那要怎樣加入？」

「如果你夠優秀，就會有兄弟來邀請你。」

感覺真是超神祕。其實也沒那麼神祕，因為你自己也可以組織一個兄弟（姊妹）會，就像設定一個特殊朋友群組一樣。說不定你早已有個兄弟會，只是你沒有意識到這件事。

你有這樣的一群朋友嗎？

「兄弟會」只是個看來很酷的名稱，其實就是**擁有特殊關係鏈的朋友群體**，也不一定要同個性別。

之所以分兄弟會或姊妹會，和過去的性別歧視有點關係。

這群人平日只有吃喝的交誼，但碰到「問題」與「任務」的時候，就會同心一志的貢獻己力。

先不論「問題」或「任務」為何，想想，你有這樣的一群朋友嗎？

當你不幸因為法律問題，面臨移送、起訴、羈押，有一批策士、能人幫你出主意，代你解決嗎？

若你工作出現困境，突然有轉行、投資、專業諮詢上的需求，會有幾個貴人主動出面和你一起商議？

如果你碰到人際困擾，在尋找對象、結婚雜事等各方面都缺乏概念與門道，可能馬上想出幾個能力挺你到底的夥伴嗎？

自己來組個兄弟（姊妹）會

你可能有一個算知心的好朋友，兩個能知己的好朋友，三個像知了聚在一起總嘰嘰叫的好朋友，但這樣不夠。

你需要的是「一組」朋友，他們的專長能夠互補，可在人生的各個領域提供你準確的建議或實質的幫助。就算碰到他們不會的場子，至少也能貢獻人力和人頭。

這些人不用全和你很熟。你可能三、五年沒和其中某些人碰過面，但透過網路偶爾互動，也還是能有非常緊密的心理連結。你有這樣的「一組」朋友嗎？

如果沒有，你就自己生一個兄弟姊妹會出來。

你不用像孟嘗君那樣天天請吃飯，養著一群雞鳴狗盜。你挑選幾個人品最好的朋友，找時間大家一起來吃個飯。

不用吃貴的，就讓大家坐下來聊天，然後「設計一個目的」。

「設計一個目的？」

沒錯，你必須**設計一個奇怪的目的**，如此兄弟會才能存續下去。若你找一群人來，卻永遠只有吃喝，這群人很快就會散了。酒肉朋友是也。

這一個目的，也不能是營利的。若是為了賺錢，那這個團體不就變成一家公司？

這目的也不見得要搞慈善，因為搞慈善免不了要掏錢，要處理錢，總會出事。許多正面發心的慈善團體，都是被錢搞到垮的。

這目的最好也不是為了「花錢」。出去吃吃喝喝可以，但是如果將之視為核心目的，參與者就會有壓力。因為只要提到錢，就有貧富之別，不是所有人都能輕鬆且開心地參加。

目的愈小、愈獨特愈好

把錢這種「外在善」扔掉，大家就會專注思考與「內在善」相關的主題。**這主題不需要太崇高，不需救國救民，而是愈小、愈獨特愈好。**

因為目的「小」，容易達成，也就沒有持續進行的困擾。而目的「獨特」，則可凝聚這群人的共同意識。

像是：

「每年三月的第一個週末，一起從台北騎機車到宜蘭。」

「一人寫一萬字，接龍完成一篇沒有結局的小說。」
「在不可思議的地方烤肉，像是淡水老街河濱步道區。」
「在全台灣的中正路三號前面打卡。」
「去找全世界的孫中山銅像，然後挖他鼻孔自拍。」
這些事情大概不會有第二個團體「覺得很重要」並且「認真執行」，因此若設定這類型的目的，你們可以從中發展出認同感與內聚力，長久為之，你們的友誼就會獨一無二。

看起來很白爛，需要時卻夠有力

「那我需要這樣的一群朋友幹嘛？」
除了做這蠢事外，不知道還能幹嘛。
正是這個「不知道」，讓友誼可貴。如果「知道」，那就代表這群體有其他終極目的，可能是「錢」，那這「小且獨特」的目的就失去意義了。

讓這群人跑來跑去，做一堆怪事，然後大家開心地哈哈大笑，就可以了。

之後呢？之後再說。

但往往就在「之後」，當你有了法律問題，那個和你一起深夜騎車去宜蘭，因為太冷而一路吃檳榔一路呸回台北的朋友，這時就跳出來了。

當你突然失業，和你一起在中正路自拍打卡的白痴就打電話來了。

當你怎樣怎樣，就會有人跳出來怎樣怎樣。

他們會自己出現。這才是朋友，這才是你需要的友誼，這才是真正能夠創造內在善與幸福感的人際關係。

你只需要耐心地經營

這就是兄弟會。你不需要一個奇怪的宗教信念或是神祕的任務，你只需要耐心經營這個團體或這個團隊，把一群「好咖」團結在一起，一直團結在一起，直到有天當外人問你：「兄弟會到底是什麼？」

你想了半天，卻覺得自己只能回答：「沒什麼，就一群人吃吃喝喝而已。」

那事就成了。

讀大學
要看大學成績單的公司

學業成績是人生某個階段的指標，但不代表它永遠都有同樣的意義與價值。

某次和商場朋友們聚會，聊到了大學生的問題。

與一般的大老闆不同，這些四十來歲，在公司擔任一級主管的西裝叔伯，談的方向還滿務實的，主要都著眼在「適才適性」議題上。他們認為有不少學生讀錯了領域，因為未能伺機轉變專長，而在不適合自己的方向上浪費太多時間。

像是沒設計天分的人，卻全心投入畫圖，混了三、五年都沒出頭，直到在設計公司升到主管，才於管理方面一展長才。「現在她管三間大陸的廠，旗下一狗票設計師呢。」

幹嘛看大學成績單？

聊到酒足飯飽，即將散場，我想起一個學生們常問的問題：

「你們錄取人的時候，會看大學時的成績單嗎？」

「看那個幹嘛？有畢業證書就好了吧？」

我補充說明：「據說有些公司會看，面試時很在意某些課分數太低，還會問不及格科目的原因。」

沒想到這個追加說明卻引發群起怒罵：

「神經病，那公司是老師開的嗎？這麼愛看成績？」

「那面試的ＨＲ（人資專員）是白痴。關他屁事？」

「六十分和九十分差在哪？老師說不定是看胸部給分的。」

「面試的人自己沒讀過大學嗎？」

一位較冷靜的朋友解釋：「我們自己都讀到碩士以上，所以很清楚那些分數不代表學生的知識水準或專業能力。如果有公司認真看待大學成績單，代表他們很可能不瞭解大學的狀況，還以這種沒意義的指標來衡量新人的價值，我可以保證那很有可能是間爛公司。我建議你的學生求職時避開這種公司。」

這是個很有力的小結，也引爆其他人的「參戰意願」，討論突然熱絡起來。

「如果成績單上的數字沒有意義，難道大學生就不用在這方面努力了嗎？」

對於這個問題，他們從非常務實的角度提出了許多建議，我將之整合成下述幾點。

修課也是一種考驗

首先，你還是該好好讀一下書，至少有幾科認真念，努力符合課程的要求。

修一門課的目的，也不見得是要獲取什麼有用的知識或能賺錢的知識，而是把「修一門課」當作對自己的「考驗」。

在工作場合中可能面臨各種意外與挑戰，其中多數是你不擅長或是根本沒碰過的。去修一些「採用特殊教學法」、「作業和雜事很多」、「心理壓力大」，與「其實不喜歡這領域（或這老師）（或這些同學）」的課程，有助於提升你的處事能力。**你不應集中選修自己喜歡（或不喜歡）的課，保持平均就好。**幾乎所有在場的西裝伯都認為，修「考驗課」的同時，也可以多搭配幾門「爽課」。就像他們在認真工作之餘，也會找地方浪費錢，這樣生活才會均衡。

找出被當或過關的真正原因

第二，不管過關或被當，事後最好找出原因。有太多大學生都是稀哩呼嚕被當，又莫名其妙及格。這有點可惜，你應該找出被當或過關的「真實原因」，這樣才能從「考驗」的過程中獲得有意義的資訊。你可能整個流程都沒問題，是因為最後遲交報告五分鐘而被當，又或是你之所以及格，只因「你是老師的菜」。

有位西裝伯這樣解釋：「就像我們也想弄清楚，上次那個面板的單子，是因為全宇宙只有我們的工廠能在二十天內趕出來，還是因為提案的時候，業務助理妹妹的胸部一直擋在對方採購主管的眼睛和投影幕的中間。」

「這才是有市場價值的求知欲。」另一位做了結論。

坦然面對，有效分析

最後是要坦然面對自己的成績。

就算人家想知道你的大學成績，在沒有什麼其他隱私考量下，也可以開誠布公，好就是好，爛就是爛，講實話，有效分析好或爛的成因。

「就算是讀三流大學也沒關係，至少能告訴我你都在幹嘛。打電動也好。但打很久還是打得很爛的人我不收，哈哈。」

一帆風順沒那麼簡單

當你只是個學生的時候，你會覺得會讀書就是最了不起的事，也認為畢業證書和成績單的價值很高。因為你擁有的就只有學歷而已，當然會把它的價值無限放大。**等出了社會，你就會發現事情沒有這麼簡單。**

「別被大學教授騙了。他們能控制你的就只有成績，當然會催眠你這個成績影響很大。依我的經驗，大學成績單最有用的地方，大概是申請研究所吧？」

「就算是名校畢業證書，也只對你找第一份工作有幫助，之後會愈來愈看工作經驗和成果。我實在不知道看成績單的意義是什麼。」

「會覺得成績有意義的人，大概是因為只會讀書，或留在學術圈發展，或是根本不懂讀書是怎麼一回事。至於覺得成績有意義的公司，不是老闆的腦袋有問題，就是聘了搞不清楚狀況的ＨＲ，但會聘搞不清楚狀況的ＨＲ，就代表老闆有問題，所以結論很一致，老闆有問題，這公司有病。結案。」大夥鼓掌，西裝伯帥氣地起身結帳。

人生的另一把量尺

回歸根本，學業成績的確是人生某個階段最主要的指標，也是當時個人幸福之所繫，但不代表它永遠都有同樣的意義與價值。這些西裝伯也只是從自己的角度，告訴你學業成績在他們的工作職場沒有那麼大的影響力。

他們有另一套衡量人生價值的標準。在上述的討論開始前，還有段對話，大致內容是這樣的：

「你上次說要去恆河，最後有去嗎？」

「有啊，四月份時去了一個多月。」

「工作怎麼辦？」

「辭掉了。等獎金都入帳，第二天就辭了，辭了的下一週，人就在孟買了。」

「那現在呢？」

「又被找回去啊。他們沒有我行嗎？」

「真好耶。到了四十幾歲，還能隨時辭掉工作出去玩，也不用擔心錢的事。」

「還是大學生的時候，直接蹺課出國，也沒人擔心回來課怎樣辦，以後會不會找不到工作。那時這種玩法是理所當然，現在同樣的玩法就是奢侈了。」

「記得那時我們三個一起蹺開學的課，去土耳其和埃及，加退選週才回來，卻不覺得爽度有現在那麼高。可是哦，現在有時也會想，記憶中沒什麼在教室上課的情景，好像有點可惜。」

「有得有失啦，曾開心過就好，人不該想著什麼都要全拿，太貪了。」

「對呀！講到修課，有次翻到大學時的成績單，才發現以前居然有修過××學！完全沒印象了。」

我就是在這時候突然想起一件事，於是問：「你們錄取人的時候，會看大學時的成績單嗎？」

後面的事，你已經知道了。

關於科系——你讀那個吃得飽嗎？

「以後要做什麼」是個很有殺傷力的問題，幾乎可以擊破所有的系。

我讀了十幾年哲學系，畢業後也一直有在哲學系服務。這樣的學經歷，通常會引來以下的三大問題：

「讀哲學系以後要做什麼？」

「為什麼要學哲學？」

「你建議我讀什麼哲學書？」
愈不熟的人愈愛問。

「讀哲學系以後要做什麼？」

對於第一個問題，也就是「讀哲學系以後要做什麼？」我想過多種版本的回應。

「學院派」的答案是：「可以當老師，從事編輯、記者等等創意或思考的工作。」但真正做這些工作的畢業生不到十分之一。

「奧義版」的答案是：「讀了哲學就不會問這個問題。」但其實是問了也沒用，進來就知道最要緊的是趕快找頭路，也就是另尋出路。

「裝神弄鬼版」則是：「算命仙也自稱哲學。我啊，可以看出你這種面相，就是身邊多小人，常生病，衝得快，但維持不久。」但這是「話術」，因為多數人都是「身邊多小人」、「常生病」、「衝得快」，也都「不持久」。

「現實版」的回答是：「大部分都是當店員或打工仔，不少人自己創業，但業務內容很少和哲學相關。」不過這也沒有明確數據支持，只是剛畢業的學生多數做這些，或有成就的系友在搞這方面的事。因為這些人比較容易聯絡得到，所以系上就用這些資訊當說帖了。

「超現實版」的回答則是：「可以製作核子彈，還有超弩級星際炮之類的東西。」每次謝師宴我都教畢業生這樣講。

答案只有天知道

「讀哲學系以後要做什麼？」根本沒有標準答案。誰會知道答案呀？哲學系不是實務學門，學生畢業後搞的生意千奇百怪，街上看到的每家店都可能有哲學系畢業的人。

你只要認真思考，就會發現「以後要做什麼」是個很有殺傷力的問題，幾乎可以擊破所有的系。

讀台大電機，以後做高科技。讀台大法律，以後當司法官、律師。感覺好像很理所當然，**但正因為這種「讀某系，以後就是做某某」的想法，壓垮許多第一志願的學生。**

我聽過一缸子台大人被社會期許逼瘋的故事。真的瘋掉去看醫生的那種。

他就是考不到國考嘛！就是做不下去高科技呀！

別再想了，想讀就讀

換個角度來看，哲學系學生早知道自己「以後根本不能做什麼」，所以很多人在大學階段就有心理準備，甚至連國考都不敢想，直接踏入職場。

因此你想來讀，就來讀，不要想那麼多。如果對哲學有興趣，那很好，就乖乖修課，正常狀態下都能學到東西。

要把哲學系當轉系跳板，也不錯，那更要讀得很認真，分數夠高，才好轉。

若只是要混個學位，那更是佛心了。很多哲學系快倒了，正缺你這種繳學費捧人場的。

「為什麼要學哲學？」

所以第一題可以結束了。來看到第二題：「為什麼要學哲學？」這個問題有兩個思考方向。

其一，是問「我」為什麼要讀哲學。答案是，我是被我爸要求讀的。當時他還滿認同台大哲學系某位教授的見解，而我在中文系之外只能接受哲學系，於是就填了哲學系當第一志願。我還記得台大哲學系以下十四個志願都是填中文系，不過填那麼多都沒用，最後就中了第一志願。

其二，是問「一般人」為什麼要讀哲學。我對這個主題的看法相當曖昧。雖然我教哲學，但我不認為普通人有鑽研哲學的必要。

在學院之外，有許多對哲學抱持興趣的人，他們往往以自學方式閱讀哲學專書，但因為缺乏系統性的理解，也沒有專業者適時指正，因此他們的哲學知識往往亂七八糟，甚至成為古怪的哲學阿宅。

我碰過很多這種人。去公開場合時，他們常圍繞在我身邊提問，或是想把我考倒。他們的確看了很多哲學書，認為自己看懂了，但其實只是「覺得」自己看懂了，就急著想發明一堆理論，然後開始「傳教」。

對人生比較有把握

從這個角度看「讀哲學」，似乎有點負面，讀多了好像大腦真會有點問題。但讀哲學也有正面意義。平凡人讀點哲學，就能在日常生活中進行初步哲學思考，可以讓自己對人生比較有把握。

要一般人進到學院裡面學習哲學知識嘛，太難、太辛苦了，所以我正致力於一些簡便、明快的方式，比如短篇的哲普專欄文章，或是到社區大學開課，還有就是像你現在看的這本書，用意都是要協助外行人培養基本的哲學能力，讓大家都能展開追尋自我的思考旅程。

這樣講好像很熱血。

「你建議我讀什麼哲學書？」

講到書嘛，就會扯到第三個問題：「你建議我讀什麼哲學書？」

有些哲學系老師（被大家統稱為「教授」的那些人物）很喜歡叫普通人看哲學巨著，就是哲學家本人寫的那種超厚的天書。恕我直言，我認為哲學系教授自己都不見得看得懂這種書，還叫普通人讀黑格爾《精神現象學》這類東西，實在是有點假掰。洋人的書先不談，《論語》大家都知道吧？認真看完一遍的人有多少呢？你能看得完嗎？能看得懂嗎？

我自己有認真看完幾遍，但每次看完，就忘得差不多了。

所以若要建議你讀什麼書，我的看法是：「隨便」。你找個《總裁推倒俏佳人》這種羅曼史小說也可以進行哲學思考。

重點是怎麼讀啦！書只是一種想法的載體，不是抱著就能成佛，你啥底子都沒有，直接硬啃，意義不大。在閱讀的過程中進行哲學的批判才重要。

什麼書都可以看出新境界

但要學會「哲學的批判」，不能躁進。普通人初入門，先練熟兩、三個邏輯原則

（其實「A的發生會導致B的發生，但B發生不代表A會發生」這招就很好用了），掌握四、五個專有名詞（像是「存在」、「現象」、「超越」），從這簡單的基礎出發，就可以看書看出新的境界。

什麼書都可以看出新境界，包括《總裁○○××》系列。這就是哲學屌的地方。**這種自我提升的過程，就是「學哲學」。不見得有明確的起點，也顯然不會有終點。**你在過程中就可以掌握到許多哲學思維的「內在善」，接觸到不同領域的滿足與樂趣，讓人生更豐富。

馬克思的啟示

過去我曾有一段時間研究過馬克思主義，後來轉行了。很多人以為我是「看破」了什麼馬克思主義的問題，但其實沒有，單純就是想轉行，就像日本偶像看一看，轉去追韓國偶像一樣。

馬克思有本又厚又多冊的書，叫《資本論》。雖然有點名氣，但這也是沒幾個教授能看完的東西。我也沒看完。

不過，有次在閱讀過程中，我突然有一種「靈動感」：

「這傢伙太聰明了。他是天才。」

這個「他」指的是馬克思。不是哪一段論述特別屌，也不是什麼隱藏在文字之下的概念發人深省，就是找對鑰匙插對洞的感覺。突然和一百多年前的大鬍子「倏」地接上線。

「他」對我產生難以言喻的價值與意義。就那一瞬間，感覺好像懂了些什麼。

所以，我就通透了馬克思著作的精髓要義嗎？

並沒有。

我寫的相關論文仍然是垃圾，也沒什麼知識的增長。但就是知道「這個人好厲害喲，我大概永遠沒辦法真正搞定他吧，再讀也不會有更多所得了」。

已經知道這傢伙有多猛，再打這條線也沒意義，所以放棄，換去另一個任務吧。就這樣。

和自己的生命對話

所以，為什麼要「學哲學」呢？其實就像打電動，你只是透過這個活動和自己的生命對話。

學哲學沒有比較高段，也沒有比較不濟，就只是一件事而已。**想來就來，想走就走。不要想耍假掰，因為這是只和自己相關的事。對自己沒必要耍假掰。**

關於成長 媽寶和寶媽的偽裝

雙寶之間的親親愛愛，只是欺騙、吸取彼此資源的手段，這是場道德騙局。

有天聽到學生們閒聊，得知一個不在場的大四學生，直到快畢業，還是由母親騎機車接送到校門口。像小學生一樣。

「該不會還有帶水壺和便當吧？下車時她媽還提醒她檢查一下。」我插嘴亂問。

其他學生尷尬地回頭。「對。」

靠，看來事情有點大條。

你是「純金」媽寶／寶媽嗎？

我相信你身邊不難找到「媽寶」，那種被家長寵壞的人。程度差別而已。說不定你也是媽寶。

媽寶的身邊呢，會黏著一個「寶媽」，就是寵壞媽寶的人。他們兩人一組，若是分開來，兩邊可能都會翹掉。說不定你也是寶媽。

要檢測自己的媽寶指數不難。

若你是個成年人，碰到了十個人生大小問題，有三個是以爸媽的決定為決定，那就是三成媽寶。如果十個問題有五個由媽定奪，那就是半媽寶。若十個問題全都是問媽，那就是純金媽寶。

許多「正常人」為人父母後，突然成為寶媽。你是嗎？就把上頭的問題反著看，思考自己對於「成年孩子」的十個人生問題，你會干預幾個？

「雙寶套餐」讓人消化不良

媽寶並不是當代年輕人的特有現象，許多四、五十歲的中年人嚴格來說也是媽寶。雖有老媽寶，但大多數人遇到媽寶，也當他是小孩，笑笑就算了，反正媽寶不濟事，也是他家的事。

但媽寶和寶媽，這雙寶套餐，真是「他家的事」、「自掃門前雪」就可以解決的嗎？事情沒這麼簡單。

媽寶和寶媽都會出門，更常一起出門。出門除了消費購物，主要還是求學和上班，透過求學、上班這種「長時間」、「高密度」的接觸，「他家的事」就會變成「大家的事」。就算你不認同「全家就是你家」，雙寶也會強迫你接受「你家就是他家」。

許多人第一次察覺身邊的媽寶，是在學校教育階段。在國民教育這種旨在培養國民社會生存能力的環境裡，當小孩想努力「變成人」的同時，寶媽就會努力阻止他變成人。

一旦心靈停止成長，在難度逐漸提高的社會生活中，媽寶愈來愈容易產生挫折感，也漸漸跳脫出自我人格，與寶媽的人格融為一體。

如影隨形的寶媽

這種「雙寶合成獸」與正常現代智人一起生活，會導致許多摩擦與爭端。不過，吵吵鬧鬧也好，年輕人應該透過不成熟的道德互動，以對辯形式來學習實踐智慧，進而追求人生幸福。

但「寶媽」不會放過大家！她會不斷介入，嚴重破壞這種思辨的運作。普通人和媽寶競爭，等於是一個打兩個；而要和媽寶合作，卻又等於是和寶媽合作，會因輩分落差而被欺壓。

所以，寶媽不只阻礙了她的小孩，更傷害到其他的小孩。

到了婚戀階段，媽寶更是拿不定主意，不知如何負責，總把寶媽放在人生價值第一位，把配偶、伴侶放在第二位。

許多網路男女戰文的背景，就是媽寶和寶媽的誇張行徑。有太多受害者出面控訴媽寶到了論及婚嫁，甚至已經婚嫁，都還無法像個正常人做判斷。吃什麼要問媽，穿什麼要問媽，玩什麼要問媽，連做愛都有人問媽。這讓人很想請教他媽可好。

自私的本質

「雙寶」對於生活關係人的損害很明顯，但更值得我們關切的，是雙寶對「不特定大眾」的影響。雙寶之所以是個廣泛的道德問題，在於他們的行為就是「自私」這種惡行。**媽寶看來天真無邪，但只是以純真偽裝的自私。**對整體社會來說，他為了自己爽，不做任何決定，把責任都推給寶媽，自身就永遠無法發展出完整的社會生活能力，注定只能當寄生蟲，成為社會的累贅。

寶媽看來是展現母愛，但也只是以親情偽裝的自私。她透過控制孩子來滿足自己的占有欲，並未盡到將孩子教養成人的責任。等她再也無法代勞，誰要來幫她教孩子呢？當然還是社會大眾。

雙寶之間的親親愛愛，只是欺騙、吸取彼此資源的一種手段。這是場道德騙局。雙寶當然會辯解，這是他們家庭情感濃厚，保存一種「良好的古風」，而其他家庭早就忘了這種「美德」。

美德個頭。古代根本就沒有這種雙寶之德，當他們的行為已經傷害到外人時，憑什麼要所有人尊重他們的虛情假意？他們是透過作踐、傷害他人的幸福人生，來實踐自己的幸福人生。

誠徵除寶達人

所以我們應該如何面對媽寶和寶媽？套句PTT的行話，「請不要放生這種人」。**就是因為長輩不責怪晚輩，晚輩不指正長輩，才會有雙寶的產生。**他們自己不罵，大家就應該開罵。這樣他們才會知道自己的道德觀和主流世界不符，是種扭曲的人生態度。

所以雙寶來討罵，你就正面開罵。雙寶被別人罵，來討拍拍，你就正面打臉。讓他們知道這種行徑不受到歡迎。他們才會發現這個世界不只他家，他家也不是全世界。

面對少子化的未來，可以預期雙寶增生的速度將愈來愈快。我們亟需更多的除寶達人，願意適時伸手拉媽寶一把，追問：「安安你好請問你幾歲，為什麼是你媽載你來，還要她幫忙檢查水壺和便當？」

台灣社會的祥和發展，需要你的熱情參與。

關於孝順——你該教爸媽的幾件事

教他們這些，是讓他們面對「真實的新世界」時不會有太多挫折。

在現代社會中，「孝順」這個詞變得很古怪。在閒聊場合提到這個概念，反而有點尷尬。

為什麼？那些太老套的「孝行」，年輕人覺得生疏，不易上手，許多父母也覺得這些作法不太自然。

像是「晨昏定省」，每天定時跑去問安，前一、兩次或許真有點新鮮味帶小感動，但一直這樣搞，有些父母搞不好會覺得「是不是當我隨時會死在房裡」。然而完全不和父母互動，倫理學家也認為不妥。許多年輕人不善親子互動，選擇直接逃走，這沒辦法提升家人之間的共同善。除非親人的品性卑劣無法合作，否則人生幸福的規劃不應輕易排除自己家人。

幫助父母活得更「順」

講到孝順，有些人認為應該把「順」字拿掉，因為單純順著父母心意，可能反而搞出壞事。

的確如此，盲目的順從只會寵壞父母。你說不定才寵出一個「媽寶」、「爸寶」，現在又寵出「子寶」、「女寶」，那只會累死自己。

但「順」字不一定指「順從」，也可以是「梳理」的意思。**你可以把父母導向更好的方向，把他們的人生重新「順」過一次，讓他們在現代社會中活得更「順」。**

從這種思考角度出發，你就能掌握孝順的時代意義。

你可以成為父母的指導者，不只是技術方面（如何使用高科技產品），也該包括多元的價值觀。

你教他們這些，並不是為了讓他們在你耳朵邊少念幾句，而是讓他們面對「真實的新世界」時不會有太多挫折。

他們可能在家裡當老大，罵你罵得很爽，但抱持著錯誤的知識和偏離現狀的價值觀，在外只會連連出包，被人羞辱是「三寶」。他們會氣呼呼地回家，然後繼續罵你。所以教他們正確概念，的確也能讓你耳根清靜啦。

教育父母速成班：「可怕教育」

但怎麼教呢？

「教育父母」和「成人教育」、「長青教育」不太一樣，需要多種特別的技巧，有些要長時間磨練，我在這邊只談一種最速成的，名為「可怕教育」。

你在教育他們的同時，不只告訴他們世界上有什麼新知，還要強調這個世界充滿了「可怕的新知」。「敲口怕的。」你要很嚴肅地告知他們這些事。以下就以四種主要的親子議題，來示範這種技巧。

「你知道選課有多難嗎？」

第一是關於教育。

「教改」對台灣的影響太巨大了，整個教育體系從頭到腳，從小學到博士班，都和上一個世代有著根本的不同。你在求學過程中發生的每件事，對他們來說都是「全新體驗」。

為了要讓他們被新時代「震撼」，你在談教育時，必須強調當前求學的困境。「你知道選課有多難嗎？有幾萬人會同時在那邊拚命想要連上網！造成大當機！然後千辛萬苦選到的，又會有駭客幫你退掉！」

「那學校都沒辦法處理嗎？」

「沒有辦法。你們打電話去也沒用。不是有官商勾結買爛系統，就是學生駭客能力比學校的員工和包商還強。」

你要讓他們知道現代教育的「船堅炮利」。他們所受的教育只是木殼船的水準，哪裡比得上你面對的航空母艦戰鬥群！

「現在我們點名，都用學生證卡片，在門口感應拍照。進去有中控台，上課都要靠那個設備。如果壞了，老師打不開，就糟糕了，有時候連空調都沒有！」

「那要怎麼辦？」

「沒有辦法。你們打電話去也沒用啦！因為連電話系統都中控，要壞一起壞。那一台都好幾萬、十幾萬耶！你們花的學費就是被這個東西吃掉了，所以要抱怨學費貴，不要找我。」

你要建立一種觀感，就是像你這麼懂新科技的年輕人在大學求生都很辛苦了，不用說他們這些南方古猿。別瞧不起教育。

「你知道現在的工作環境有多糟嗎？」

第二，是關於當代工作環境。

現在工作需要運用的設備和知識太過龐雜，遠非二、三十年前可以類比。多數父母沒意識到這種環境差異，往往認為孩子早出晚歸是「不知道跑到哪裡去玩」，這當然會讓年輕人吐血三萬升。

除了採用前述的「這超難你們學不會」戰略，也可以採用「實體示範教學法」，就是把一天的工作內容全部鉅細靡遺地列出來，默默貼在房門上，當作是對自己的提醒，也作為對他們的「展示」。只要貼得夠長，一張Ａ４接著一張Ａ４，密密麻麻，他們自己看了就會惦惦，說不定還買點東西給你補身體。

順帶提一點，許多老一輩的男性，常認為現代當兵很爽。現在服役確實比較人道，但也有新時代的問題。像是全志願役化後，「殘存的」義務役會受到大量志願役的壓迫，這是過去老人們所沒經歷過的情境。你就這樣介紹：

「你們以前的軍中學長，頂多就是待三年的上兵，現在我們有老到五六七八九十年的學長上兵耶！而且學長人數比學弟還多！有時候一個連裡面，你當到退伍都是唯一的學弟！這種地方你受得了嗎？」

「你知道我喜歡男生，還是女生嗎？」

第三是關於愛情市場。

父母對於情愛的看法，只會讓多數年輕人翻白眼兩百七十度以上，這是因為長輩來自於一個單純的年代，連A片都沒得抓。

你必須指出他們根本不懂現代的愛情與婚姻的複雜性。請告訴他們諸如以下的可怕故事：

「千萬不要問我朋友說生小孩了沒！他們可能已經離婚了，我朋友兩個裡面就一個離過婚，這樣問非常不禮貌。」

「你管人家有沒有女朋友？他擺明就是同性戀，一直問，整個朋友圈都當我家人是白痴。你不想做人，我還要在社會上混。」

「相親？介紹人太差了啦。你知道他買過什麼股票嗎？他之前還被騙……買那種假公司股票的人，你居然還相信他的推薦？」

這是你的主戰場，你要有完整的制空權，完全壓著他們打。當「情、愛、性」這三個要素擠在一起，就是他們無法理解的結界。要讓他們瞭解，若他們不小心在這方面講錯話，做錯事，就會斷開你和異性一切的連結。

「你知道現在的詐騙手段有多狡猾嗎？」

第四，是關於社會生活。

社會生活有很多主題，從健康管理、交通、科技、飲食，甚至包括宗教信仰等等都是。父母活那麼久，當然可以自理，不然早就死掉了。他們在這些領域中最常碰到的新問題就是「詐騙」。

老人沒有應付新式詐騙的知識，但多數擁有資產。沒知識又有資產，當然是詐騙集團眼中的肥羊。

但老人又以為自己最懂人情世故，不肯聽勸。被騙了之後呢，不是死不承認自己被騙，變成偏執型神經病，就是對於被騙這事深深內疚，最後變成幽暗系精神病。

你能做什麼？

就是不斷講故事。**聽到什麼騙人故事就立刻轉述，誇大一點也無妨。**不要假設他們都知道，因為保證他們什麼都不知道；就算知道，也等於沒知道，因為他們的記憶體洗得很快。你就只能透過大量的恐怖故事強化他們的防禦心態。

其實，只要多跟父母講講話

最後做個小結。

這整篇看下來，你一定感覺很累。沒錯，其實教育父母，和傳統的孝順父母一樣累，甚至更累。

老人很像小孩，有難溝通的地方，但建立一定互動模式後，就能快速產出大量的內在價值。

你會發現我要你一直講「可怕的故事」，這有兩個理由。

第一，老人其實只是希望你能多跟他們講講話，真的不用做太多事，講講話就好。畢竟父母不是大貓熊，不是天天餵他們吃，發個球給他們玩，他們就能快快樂樂度日。

第二，「可怕的故事」如果能講到震撼他人，就能傳遞「內在善」。這種「教育」過程其實就是「閒聊瞎掰」，這是最簡單的日常幸福來源，你應該多花點心思在上頭。

面對這個劇烈變化的新時代，考量現實狀況，「教育父母」真的太重要了。孔子在春秋時代說過：「今之孝者，是謂能養。至於犬馬，皆能有養；不敬，何以別乎？」

那現代呢？

「敬」還不夠。「不教」，一家人都變犬馬。

所以請認真投入家庭長青教育事業。

關於選舉

從爛蘋果中選出較不爛的蘋果

完全不接觸，不參與，不討論政治……你真的做得到嗎？

我也從事政治相關的工作，收入一半和政治有關。不過這篇要從非專業的角度談政治。政治對一般人來說，是「必要」的嗎？

亞里斯多德認為人是政治的動物，你的幸福會和社群的集體事務相關，所以不參與政治，就無法建構個人幸福。

他的主張有其時代背景。古希臘城邦小小一個，沒什麼公務員系統，共同生活事務都需要與他人商定後執行，所以政治是非常必要的活動。

但我們這個時空呢？

不開口參與，很可能變成餓死的屍體

很多人抱持著中國傳統道家的想法，認為應該「獨善其身」、「與世無爭」、「小國寡民」、「雞犬相聞卻老死不相往來」。

但這種隱士生活，在當代社會中也不太可能實現，至少不可能「全民一起實現」，因為沒有土地可以讓大家都有一個小莊園自己耕田養活自己。而且在沒有無線網路或4G訊號可能就會餓死的現在，一個人也無法搞定這些硬體建設。

我們必須接受社會分工與資源共享的生活模式，至於「怎麼分、怎麼享」，就是政治問題。

因此，雖然絕大多數的人不以政治為業，但在社群建構分配機制的時候，每個可能成員都該提出意見爭取。當大家討論新的社會規定時，你不開口的話，就別期待別人會好心為你著想，幫你留一碗飯。不開口，人家往往會當你死了。

所以你還是種政治的動物。如果去掉了政治性，你很可能就會變成餓死的屍體。

打電動的「角色組隊概念」

但參與政治的方法有很多種。透過言論自由表述意見是一種形式，上街頭又是另一種，出來選是一種，考公務員是一種，做社會服務慈善事業也是一種，投票更是多數人最有機會進行的一種。**你要找到「最適合自己」的那種**，來好好「影響政治」。

但該怎麼找呢？不妨就從打電動講起。

許多年前，有一個非常紅的電腦連線遊戲，叫「世紀帝國」。它出了很多代，可以多人對戰，記得最多八人參與，可以四對四互毆，也可以一對七挑戰。

遊戲中有許多民族可以選，其武力和發展方向都不一樣，各有相生相剋。玩家要搶時間經營自己的市鎮，不斷提升等級的同時，也要生出兵馬去滅敵和保衛家園。

我最擅長使用的民族是「不列顛」，也就是英國人。這民族有非常強大的兵種，叫「長弓兵」，射程遠，殺傷力大，只要組成大隊方陣，幾乎是所向披靡。

唯一的問題是，生出具有威脅性的長弓兵隊之前，不列顛非常脆弱，很容易被對手快攻解決。怎麼辦呢？就只能一直「龜」，請同盟的其他民族戰友掩護，想辦法縮短升級和養兵的速度。

因此組隊就很重要了，一個同盟裡面要有快攻手，先去偷襲對手也在「龜」的玩家。此外，也要有非常耐打的角色，以肉身當盾牌，吸收對手火力。如果同盟玩家培養出默契，透過語音系統傳遞訊息，截長補短，就可以組成強大的隊伍，連連擊敗隊手。

把對的人，放到對的位置上

這樣的角色組隊概念，許多現代網路遊戲中也有，其組合精妙之處往往是遊戲的賣點。但講這個幹嘛？不是在談政治嗎？

長弓兵是在後頭發揮遠程火力的角色。在政治上，我也是這樣的角色，我擅長透過媒體隔空來發揮火力，讓每篇文章都影響數萬人，並有效重創對手。

你要我上街頭去推擠，我就只是一個人頭，雖不到無用，但就是只有「一個人頭」的作用。要我去跑基層，我也不會開話題、搏感情，和人握手又嫌表情僵硬，只會尷尬傻笑。

但只要有擅長街頭衝撞的人才，有勤跑鄰里的角色，我們就可以組成團隊，合作打下一些江山。

就像電動中，與許多的「薩拉森騎兵」、「土耳其火槍兵」、「西班牙暴民」合作，才能把我「不列顛長弓兵」的優勢充分發揮出來。

你不主動碰政治，政治也會來碰你

你打電動的風格，就是你的個性展現，而政治是你生活領域的一環，這種角色風格說不定也對應到政治事務上。只要能發揮自己的長處，並與其他功能互補的「角色」充分合作，你也可以在政治領域中發揮自己的影響力。

所以不是關心政治，就一定要出來選，一定要上街頭，一定要評論時政，一定要裝熟，一定要怎樣。**你可以有自己的風格，能夠產生影響力即可。**

當亞里斯多德說人是政治的動物時，並不意味著「我們都一樣」，而**正是「我們都不一樣」，有多元的價值觀，所以才會產生政治問題**。多元問題，當然就只能採多元方式解決。

如果你只能也只想參與選舉投票這一個活動，那也好，這是威力十足的表態方式，亦是當代民主政治最關鍵的部分，權力分配都來自於投票的瞬間。

如果你還是決定完全不接觸，不參與，不討論政治，那也可以。但你真的做得到嗎？

就算你不主動碰政治，政治也會來碰你，再低調，再與世隔絕都沒用。不信的話，等國民年金繳費通知跨越千山萬水寄到你家時，你就知道了。

「為什麼要寄這個給我？」就是個政治問題。你要找誰討論呢？

關於人生「認真活」的笑話

別瞧不起笑話。如果你能笑得出來，代表你自己頗厲害，有認真活過。

我有個親身經歷，可以當成笑話來看。

有次在軍營裡面停車，我發現停車格裡頭漆的「××停車位」五個大字，被黑漆塗蓋掉，然後用白漆再次漆上同樣的「××停車位」五個大字。

就這樣。笑得出來嗎？

這個笑話的特別之處在於，「當過兵」與「沒當過兵」的人，對這個笑話的反應很兩極。

當過兵的人聽了，通常是這種反應：「啊哈哈哈，我懂我懂。都是這樣的。」沒當過兵的人，則會追問：「啥？什麼？為什麼要這樣？」

為什麼會有這種落差？這牽涉到「笑話的背景脈絡」，有點專業，得先從我上課的方式講起。

笑點在哪裡？

我的學生在課堂上要寫隨堂作業問題，每一堂都要。多數的作業問題都相當簡單，比如說：「你最近一次良心不安的主題是？」「什麼程度的朋友，你可以接受他不告而取用你的東西？」我相信智力正常，識字以上教育水準的人，都可以快速作答。

唯一的困擾大概是「要花時間寫」，所以我大概會給他們三到五分鐘空檔，壓力應該不太大。但也有一些問題，給他們十分鐘都寫不出來。比如說：「請寫一個笑話，並且說明其中的笑點。」

寫笑話並不難，你要寫個冷笑話也行，那個「小蔡被端走了」，或是小明爆炸系列，都是學生最常寫的笑話。如果你真想不出來，很沒梗，我也允許抄隔壁同學的。因為笑話本身不是給分重點。

這題是難在說明「笑點」，就是引爆笑意的那個關鍵點。

講太多就不好笑了

笑話可以短短一、兩句，但要說明笑點，則可能寫到幾十句都還說不清楚。為什麼？多數人都同意，笑點是要「體會」的，沒辦法「說明」，往往說明後就不好笑了。你要能進入笑話所預設的背景情境中，才能掌握其中的笑點。而那個背景情境，通常是種生活經驗，如果聽者沒經歷過，當然沒辦法透過簡短的說明就能讓他「進得去」。以較學理的角度來說，笑話所帶來的樂趣能快速分享，聽不懂的人也沒辦法用錢買得到，而「可分享」和「買不到」都是「內在善」的特性，因此笑話所帶來的快樂，也是種內在善。

你可以用錢買到笑話集，但看不懂，就是笑不出來。而能懂的人呢，不用花錢，只要聽你轉述，也可以笑到抽搐。

要理解一個笑話，就要解讀這笑話所預設的「敘事脈絡」，也就是其背景的價值情境。如果你沒有相關知識，可能要花上很多心力才能掌握其中的笑點，等你真正理解時，笑話可能也沒那麼好笑了。

所謂的「浪費」……

現在可以回到一開始的那個停車位。軍營裡的停車位。

沒當過兵的人會問，為什麼上面已經寫了「××停車位」，又要塗掉再重寫一次呢？是因為原來寫歪了嗎？為什麼這是個笑話？

這場景若是發生在軍營外面的社會中，會是無意義的、浪費的。都是一樣的字呀，幹嘛要塗掉重漆呢？浪費嘛！

那，是因為「浪費」而好笑嗎？是。也不是。不是你想的那種「浪費油漆」的浪費，而是「浪費生命」的浪費。

軍隊在使用基層人力上有很大的問題，經常朝令夕改，或是做白工，總會出現很多類似這種塗來改去的荒謬故事，每個「退伍軍人」都有深深的體會。

像是叫你把石頭從這裡搬到那裡，然後想想不太對勁，又叫你從那裡搬回來。連長叫你在那邊排排站好，結果更高階的營長來了，一看不行，又叫你回來這邊排排站好。旅長來了呢？又叫你……

在軍隊，總有很多人，以各種不同的理由，用各種不同的方式，來浪費你的生命。

以過去的自己，娛樂現在的自我

我到現在，還是不知地上的字為何要塗掉後再漆回去，這有一千萬種可能性。但總結起來，萬流歸宗，總是「英明」長官領導所致。有人下令，就有人照做。

那當過兵的人為什麼會笑呢？不是應該憤怒嗎？要改變呀！這樣國軍才會有救呀！

要氣，早就氣死了，沒有心肌梗塞平安退伍，都是練到一定境界了，成佛了，看開了。

所以這個笑話的笑點，最後是落在嘲笑「自己」被浪費而虛擲的那段人生。當然，或許有部分軍人沒有這種經歷，整個軍旅生涯都精實有勁，他們也笑不出來。

而沒當過兵的人呢？就算解釋過了，還是難以體會。你沒有親手漆一樣的油漆，來回搬石頭，在那裡排隊來排隊去，你就不容易掌握這種「內在善」。

所以每個你能笑出來的笑話，都可以從某種角度連結到你的人生，和自己的真實經驗產生價值互動。**我們可以從過去的自己提取價值，用來娛樂現在的自我。**

當兵的日子再爛，等到退伍之後，也會變成一堆爛笑話。

笑得出來，代表你認真活過

而藏有內在善的並不只是笑話。笑話如果是甜，那還有酸、苦、辣、鹹，這些不同口味的人生故事，可能透過小說、劇作或八卦而呈現，其所產生的價值都是內在善，都能隨時喚醒以豐富你的人生。

所以別瞧不起笑話。如果你能笑得出來，不只代表講者厲害，也代表你自己頗厲害，有認真活過。同樣地，聽到精采的故事而感動落淚，或是被鬼故事嚇到挫賽，也不只是創作者厲害，更代表你的人生有許多可發揮的潛能。

那要怎樣讓自己的人生更豐富呢？

如同我停車時注意到地上模糊的字跡，你也該「認真生活」，注意細節。也不是說擔心「魔鬼藏在細節裡」而隨時精神緊繃，**你只要夠認真，就能在生活中找到無數的觸發點，這些梗會彼此連鎖反應，「一發不可收拾」**。

多注意身邊的人事物就對了，一定會有大發現的。

像是最近，我發現他們又把「××停車位」塗掉了。改漆成什麼呢？猜猜看。

第二部

不只是「事件」

關於

困境

自己的道德，自己救

年輕人多半只有小奸小惡，但這些認為「年輕人有病」的老傢伙，他們往往就是道德崩壞的「露頭」。

許多新認識的社會賢達知道我研究倫理學，會主動聊到「當代道德如何崩壞」、「年輕人很沒觀念」之類的話題。

雖然我也認同當代的確有「道德危機」，但我可不認為這些朋友可以置身事外。說句難聽的，年輕人多半只有小奸小惡，但這些認為「年輕人有病」的老傢伙，他們往往就是道德崩壞的「露頭」。就像化石露出的一小角，可以讓你挖出整隻恐龍。

所以碰到這類話題，我若心情不佳，便會回敬一句：「啊，那請教一下哦，你知道忠孝東路的忠和孝分別是什麼意思嗎？」

「啊，不就是忠心和孝順嗎？」對方以為是小考試，所以輕鬆回答。

「那忠心和孝順又指什麼呢？」

這人白眼一翻，「這，就效忠國家、孝順父母之類的吧。」

「也不能說有錯啦。不過這種程度的答案，也證明你也是道德崩壞的一部分哦。」

「蛤？什麼？為什麼？」

「給我三分鐘，我講個故事給你這敗類聽。」

從真實取材的「科幻片」

請想像一下。

數十年後，擁有高度智慧的電腦對人類發動攻擊。國家一一被擊潰，多數人在戰爭中犧牲，但經過數年的奮戰，新的單一人類政權終於消滅了所有的電腦。

往日的文明幾乎不存，許多知識已經失傳。殘存的人類做出了重要的決定：不再發展科學。

他們認為照原樣重建科技與知識，必將再次造成高科技對人類的反撲，於是焚毀一切科學書本與資料，關閉了僅存的理工學院。

大家回歸原始農業生活，就這樣過了幾十年。戰後出生的人類透過歷史課本瞭解過去曾有過的高度文明，因而跑去挖掘廢墟，找尋過去的各種儀器。

他們很快就找到了冰箱、冷氣、手機，與人類最害怕的電腦，但因為缺乏相關知識，無法重新啟動。他們大聲疾呼應再次發展科學，不然隨著人類社群擴張，資源日漸缺乏，大家會愈來愈痛苦……

很標準的科幻爛片場景是嗎？會在某些洋片台無限重播的那種，一眼就能分辨某台機器人是隨便做做的電腦動畫。

我想談的當然不是科幻片，也不是「科學」。這個故事的喻指對象，其實是「倫理學」。

當道德走向末日……

倫理學就是研究道德的學門，而上述的劇情結構，是真實發生過的歷史。我們就是「倫理學大戰」後殘存的人類，正處在「道德世界末日」後的時代。道德不是走向崩壞，是已經崩壞，崩壞三百多年了。

我們仍擁有很多「道德觀念」（像故事中挖出來的各種機械），如「忠孝仁愛信義和平」等等，可是我們不清楚它們的定義，也不知道它們是怎麼來的，該怎麼用。

正如故事中的人類找到手機、冰箱等電器，卻因為沒有科學知識，不知其製造原理、生產方式與使用方法，而我們也不太清楚「忠心」和「孝順」到底是什麼意思。

我們之所以失去道德知識，是因為三百年前發生過一場消滅傳統倫理學的大戰。你在歷史課本中學過這場大戰，但不知道它和倫理學有關。

什麼都能套公式？

這場戰爭名為「啟蒙運動」，在歷史課本的描述中，好像是很「光明」、「良善」的一件事。不過近年有愈來愈多的學者認為，「啟蒙運動」就像文化大革命一樣，讓很多有意義的東西消失。

啟蒙運動講求理性思辨，攻擊傳統宗教與迷信，建立全新的知識領域。因為傳統倫理學與宗教緊密結合，因此也被一起「切割」了。

這不代表啟蒙思想家不需要道德。他們都是搞科學的，講求理性方法，因此想出多種新的道德理論，提出新的簡化道德原理，希望讓道德更加客觀，也能透過現代學校系統進行教育。

簡單來說，他們想把道德搞成像數學一樣的東西，用公式跑一跑，就能得到正確答案。感覺很不賴哦？我猜很多理工宅宅會大力支持這種「道德數學」。

經過三百年的努力，啟蒙思想家所建構的物理學成功了，化學成功了，生物學成功了，但他們建構的倫理學並不成功。不但各流派的分裂愈來愈大，無法整合，每一派的內在缺陷也愈來愈明顯。

舊的倫理學已經被消滅，新的倫理學又一直當機，「倫理學工程師」們焦頭爛額，但最慘的還是一般百姓。

雖然國民教育中有「公民與道德」課程，但普通人學不會新的道德理論，舊的道德經書又是有看沒有懂。道德教育淪為名詞背誦，人人都會背四維八德三達德，可是這些名詞是什麼意思，和我有什麼關係，我要如何運用，都是個謎。

老人總裝成自己好像很懂道德，但自己也搞不清楚狀況。「倫理學工程師」不可靠，老人也不懂，當前社會的道德崩壞，就像挫賽一樣，一瀉千里。

多打嘴炮是有必要的

怎麼改善咧？

第一種建議，是回到「大戰」之前的世界去，透過歷史脈絡分析，找出每個道德觀念由古至今的發展過程，我們口中的「道德名詞」，才能變成真正能用的「道德概念」。

聽起來感覺很專業？所以這當然就不是你要負責，這工作該交給專業學者來做，而不少倫理學大師也正在進行這種「重建作業」。

第二種建議，是從自己生活周遭的道德事件開始著手，透過思考、批判這些事件，進一步釐清自己的道德主張。講白點，「嘴炮」是有必要的，**你應該和朋友交流對一些社會事件的看法，從中慢慢釐清自己的主張。**

你沒讀過什麼書？這完全不要緊。傳統倫理概念並沒有完全消失，而是以有如「基因片段」的方式存在於我們的社群文化之中，只是僅剩斷肢殘幹，失去了脈絡性。你在社群中長大，也接受了這些「基因」，只是藏在腦海的深處。透過和朋友的對話，你可以把這些「基因」喚醒，然後重組起來。

講得好像很嚴肅吼？套句現在當紅的句型，這就是「自己的道德自己救」。大師不見得比較可信，你自己就可以改善自身的道德判斷，但除了對話之外，還要下許多功夫。當好人沒這麼容易滴。

不過，我會告訴你一條捷徑，這條近路就藏在你接下來的閱讀過程中。

關於

責任
鄭捷殺人干你何事？

對責任的追究或許永遠不會有終點和成果，但我們可以思考自己能做什麼。

鄭捷的捷運隨機殺人事件，強烈震撼了台灣人對於大眾運輸工具的「秩序」想像。雖然事發之後沒多久，捷運的使用者又恢復往日的作息，一樣在滑手機，一樣不清楚身邊站的人是誰。但大家也都知道，一些過去以為不會改變的部分，已經完全不同了。

雖然這個公共危險的議題可以由許多角度切入，但我認為不如先讓我們跳離自身所處的環境。

道德思考題1：安檢？不安檢？

某些國家的大眾運輸系統會有安檢措施，比如說新加坡。安檢人員會在地鐵站內挑選旅客，請他們打開行李受檢。在看到這樣的場景時，你想的是？

1.「好麻煩喔！」
2.「最好不要挑到我。」
3.「他們在幹嘛？」
4.「把人當恐怖分子？」
5.「謝謝，辛苦了。」

、

這之中沒有「正確」答案，但每一個選項的差異性，能幫助你思考不同情境下的個人道德責任。比如說，在捷運隨機殺人事件中的責任。

道德思考題2：讓座？不讓座？

或許是從小接受道德規約教育的關係，每個台灣人的心中都內建了一套小小的「義務論系統」。這套系統要求我們尊重特定義務，並對履行或違反規則承擔某種責任。當你在公車上有位子，你可能就產生某種「責任感」：需要讓座給即將上車，不良於行的老人。

這責任又可以微妙地區分為三：對自己的責任（我們有責任讓自己在道德上變得更好），對於特定對象的責任（我們有責任讓那位老人的實際處境變得更好），對不特定社會大眾的責任（我們有責任讓社會整體變得更好）。

到底是對「誰」的責任？

「對自己的責任」較單純。個人行為的對錯，會對自我人格價值產生不同程度的影響，因此你有責任為自己做好事，以提升個人的價值。

「對特定對象的責任」也很單純。不讓座給某個不良於行的老人，我可能會基於很多理由（包括內心不安、效益計算等等）而覺得虧欠這老人，這就形成了責任認知。

相對前兩者來說，「對不特定社會大眾的責任」比較複雜，甚至根本無法回答。

我占座不讓，對於公車上站著的高中生有什麼責任？

對於另一個有座位的阿婆有什麼責任？

對於司機有什麼責任？

對於公車之外的旁觀者有什麼責任？

好像有，又好像沒有，那種責任感相當弱，但你不讓座的話，這些人都可能會「指責」你。為什麼？他們為什麼有資格罵我？

當我們看到某甲不讓座的時候，我們會認為他傷害「應入座者」的權益（外在善），也認為他傷害了社會的某種美好價值（內在善），所以才會出言責罵。

後者之所以是內在善，因為讓座是以非量化的方式影響「不特定大眾」。就可量化的部分來說，我們受到「某人讓座」的直接影響太小了，但不讓座給老弱婦孺，我們會察覺某種共享的情感——一種社群的「共同善」（整體角度的內在善）被傷害了。

這種共同善可能是榮耀、成就感、滿足感或安適感。看到有人讓座，你也會興起一種榮耀感，為這個城市的公民素質感到驕傲。

當有些人創造共同善，我們可一起分享；當某些人傷害共同善，我們會一起感到痛苦。

我們都是一體的

我們之所以會對一些「干我屁事」的狀況提出道德見解，是因為這種事件會傷害我們社群的「共同善」，我們會質疑這類「人格」（而不是特定行為）無法在社群中追求卓越並創造價值，甚至會害其他人無法追求卓越，所以應該指「責」，以避免有更多的人採取同樣的行為模式。

個人的道德失敗，有可能演變並擴散成社群整體的道德失敗，因此，社群成員有資格與必要出面指正他。

原來，每個人都受傷了

回到鄭捷案。

我們很確定，殺手的行為傷害到了整個社群，而不只是被他殺傷的人。整個社群的生活態度、合作模式與信任感，都受到他行為的嚴重破壞，而「合作模式」與「信任感」都是我們社會的共同善，因此作為社群的成員，我們都有資格對他提出批判。

他於「外在善」方面（錢，或錢可以買到的東西）造成的傷害可能有數千萬，若包括經濟學上的外部性，則可能高達幾億或幾十億。

但他在「內在善」（錢買不到的東西）造成的破壞更巨大，他破壞了原有從整體社會格局的「和平友善」，到「以捷運秩序為榮」的微妙小確幸等等價值。自認歸屬於此社群的成員，都可感受到某些原本的美好崩解了。

因為他造成的傷害太大，我們心理上很難接受一個人的錯誤會造成這麼巨大的損失。**我們會開始怪東怪西，希望有更多人為此負責，這樣我們才不會恐懼，會認為一切都在合理、可掌控的範圍內。**

愈多人出來「負責」，就愈好嗎？

這個「責任圈」會由殺手身上向外擴大，但能外張到多大呢？和鄭捷同車但選擇逃跑的青壯男子會被抓出來質疑。捷運公司相關人等會被抓出來質疑。他就讀的學校會被抓出來質疑。連和他同齡的人、學運分子也會被抓出來質疑。當然，他的家人鐵定逃不了質疑。

「我們」會堅持要有夠多的人出來「負責」，才能「說明」這麼巨大的傷害。但這想法有推論上的漏洞。

如果嫌犯（不一定指鄭捷）是個基因變異型的無良心犯罪者，他一生下來就不具備道德同情機制，那什麼家庭教育、學校教育，甚至社會的預防措施都沒有作用，其他人做什麼都無法改變或影響他的可能犯罪事實。

那圍繞在犯罪者身邊的「他人」，又該負什麼責任？

你有什麼責任？

我們當然可以硬挖出一堆人，逼他們負責，但在實際因果關係上，他們也許都沒有直接的行為責任。對於責任的追究或許永遠不會有終點和成果，但我們可以思考自己能做些什麼，如何重建「共同善」。

我們可以思考「如果我有責任」這樣的問題。

如果我是鄭捷的生活關係人，那我會有什麼樣的責任？

如果我是鄭父或鄭母，那我又會是什麼樣的責任？

這些問題不止於捷運無差別殺人的道德責任，而泛及於生活教育、學校教育、友誼互動與社群文化的多重向度。社群中的每個人都有可能產生與之相繫的道德責任。

如果是你，你會怎樣行動？怎樣負責？

回答之前，先好好想一想

回到新加坡的捷運站，或是將來的台灣捷運站。當安檢人員攔下你，你會怎麼詮釋這個事件？

「好麻煩喔！」

「最好不要挑到我。」

「他們在幹嘛？」

「把人當恐怖分子？」

「謝謝，辛苦了。」

我不知道正確答案是什麼，但你應該思考你的答案。也不只是這個情境，你該思考你的可能的角色（父母、路人、朋友，或是受害者），以及每個角色的相關答案。

這會是個漫長的倫理學工程，需要很長的時間，但**這是應該做的事。或許是最應該做的事。**

關於

真心

贖罪的江蕙演唱會

看重平時的相處，人生就不會永遠忙著「補贖」。

號稱是最終的江蕙「祝福」演唱會，引發全面的排隊與搶票現象，經過加場之後，居然總數高達二十五場。

有人認為這再次證明台灣人一窩蜂趕熱潮的心態；其他人則主張這不過是偶像演唱會搶票的翻版，只不過因為搶票的主力轉變成為中老年人，才會引起較大的關注。

也有人批判這突顯了每個世代都會沉迷與造神，老人沒比年輕人清醒到哪去。

更有人把重點放在替長輩排票的年輕人身上，認為這次的「孝親」熱潮，正好可以讓資訊嚴重不對稱的兩個世代重建連結，拉近關係。

我認為上述看似對立的說法，其實可以串連在單一的脈絡之下：這次的搶票風潮，是一種宗教式的「贖罪」狂熱。

只是看個演唱會，聽個歌感動一下，怎麼可以扯這麼遠？是要贖什麼罪？

不妨就從「造神」看起。

不只宗教會「造神」

宗教通常會「造神」，很多領域也從宗教學習造神的技巧。請想想下面這四種活動：造勢晚會（政治）、職業運動比賽（運動）、演唱會（流行文化）、朝聖或布道大會（宗教）。

是不是很像？不論是人數、使用的器材、進行儀式、服飾與符號、音樂，甚至事前的宣傳準備與善後的處理，這四者都很類似。

我們今日所看到的大規模集會活動，從上世紀初開始就不斷借用彼此的符號與結構，交互學習、發展，才會如此類似，甚至承做活動軟硬體的公司都是同幾家。這類活動的主要架構是由宗教引領的，是宗教率先發展出這種模式。所以外人去選舉造勢晚會，總覺得像是集體癲狂的布道大會。看熱烈的職棒主場賽事，常被忠實球迷美稱為「朝聖」之旅。而流行歌手的演唱會，更是台上台下整齊呼喝應對，聲光絢麗宛如異教盛事。除了三者之外，在當代引人注目的集體活動，通常都有從宗教的「基因」在。而現今的宗教活動也借用了他者的諸多要素，相輔相成。

朝聖江蕙，不只是「聽好音樂」

流行歌手的演唱會可視為一種宗教儀式，而不單純只是「聽好音樂」的審美行為。歌迷透過參與演唱會的各種活動（搶票、排隊、購買周邊、現場應對、事後記述討論），來滿足心靈上的不同需求。

演唱會本身已具有宗教特性，但江蕙告別演唱會的影響更大。我認為較一般演唱會，它還多出了兩個重要的成分。

歌迷的贖罪心態

第一，江蕙一直都在演藝圈，大家早習以為常，但她突然聲明即將停演，除了限量與時間急迫感所造成的壓力之外，「驚覺」她將退休一事，也造成某種愧疚感。

多數人可能會聽、會唱她的歌，但不覺得自己算是歌迷。直到她將退休，才察覺心中的失落感，進而確認自己有「歌迷」這種身分。

雖身為歌迷，卻一直沒有相對應地回報過，「都在白聽」，於是用這最後的搶票機會來表達個人的情意。這是種贖罪心態。

子女的贖罪心態

其次，許多年輕人平日與父母輩較少互動，一方面是不知如何溝通，另一方面也是逃避照顧長輩的社會責任，因此暗自有某種虧欠感。

本次演唱會是透過網路購票，這是長輩較不擅長，而年輕人（可能經常排票搶票，因此）較熟悉的介面，是以許多晚輩奮勇殺出，代長輩力拚一場。

雖然許多人沒有搶到票，但搶票過程已是足夠的示意，因為**道德價值不只產生在「結果」，更多是發生在「過程」**。透過「大排一場」卻只是「空排一天」的過程，或許還能產生更多的內在善。這又是一種贖罪心態。

目的相同，但手段比較特別

或許就是「虧欠江蕙」、「虧欠父母」的這兩種贖罪心態，促成大眾的廣泛投入，進而引發空前激烈的搶票熱潮。

雖有「贖罪」心態，但演唱會的門票並不如「贖罪券」般膚淺。透過具體行動來「贖罪」，是要實現自身的道德責任，因此其價值不是在於幾張票紙，也不是在於掏出多少錢，更不只是排隊之苦與當機之煩，而是在於促成你做這事的「動機」與「手段」。

透過良善的「動機」與親力親為的「手段」，我們才能體會這行為的道德價值，也才能得知「當黃牛撈錢」在道德上的錯誤。

也正是因為要「表達對歌手的虧欠」與「孝敬父母」，所以採用了「苦排」、「搶票」，這就不是什麼購物與消費行為了，而可以歸類為一種「報恩」或「孝養」的形式。

一如大多數的宗教行為，只是要確證自身的道德責任並重建與他人的關係，這種演唱會的購票熱潮，也是我們日常道德行動的一種「轉型」：目的相同，但手段比較特別。

或許我們可以透過這些相對激情的手段，而傳達較多的道德價值。

別讓人生在補贖中虛度

當然，並不表示激情的道德手段就一定比較良善，這也只是一種特殊手段形式，若平常已有穩定的互動形式，就沒必要採取特別手段。

所以父母或許更希望你能天天和他們聯絡，而不是隔幾個月就拿兩張票來。歌手也希望歌迷是天天捧場，而不是在決定退休時才大量出現。看重平時的相處，人生就不會永遠忙著「補贖」。

所以這「排隊」是否造神，是否沉迷，是否浪費時間，都只是枝節，也都不是太嚴重的道德問題。參與者若能透過此活動來進行道德思考，並完善人我之間的責任與價值，這就是有意義的事。

關於批判力
不要怕犯錯

丟臉歸丟臉，你還是要先經歷踏「錯」的經驗，才能慢慢往「對」的方向走。

某位癌母在鏡頭前訴苦，談到她八歲的小孩誤拿他人安全帽，雖很快歸還，但失主堅持告到底，說要給這小孩一個教訓。

這新聞引發網路上一片叫罵與肉搜，人人都打算把這失主找出來「好好教訓」。但兩天後，案發現場的監視錄影帶卻顯示，似乎正是這位母親唆使小孩偷拿他人的安全帽。

原本激動的網民可尷尬了，網路新聞下方的留言區滿是對失主的道歉。鄉民紛紛自承太衝動，罵錯人。失主始終沉默不語，癌母後來也噤聲，一堆網友大聲發言主持正義，最後落得公親變事主。

那該怎麼辦？以後看到爭議事件都閉口不語嗎？

不要迴避，「你」也有責任

當事人的道德責任，由他個人來擔。記者做新聞的責任，也是由他個人來擔。我們看了新聞而做出道德評論，這責任自然是由我們自己來擔。

有些人抱怨記者總做偏頗的爛新聞，當事人更會在鏡頭前大方說謊，所以看錯資訊而下錯判斷，責任並不在我們身上。

此說似乎言之成理，但**難道你是第一天看新聞？第一天知道記者會做偏頗報導？第一天知道人會在電視鏡頭前大方說謊嗎？**

如果你一點也不笨，清楚知道新聞充滿了問題，卻還是直接依照這些片面資訊提出道德評論，那就太缺乏警覺，你不能說自己沒有責任。

虛幻的最終真相

有些人因此採取較保守的立場，認為我們不應對新聞太快做出評價，甚至應該完全不評價。

但完全不評價也不是個好態度。道德和法律不同之處，在於道德並沒有懲罰的強制力，只有兩種比較柔性的影響方式。第一，是訴諸當事人的良心，以形成內在壓力；第二，就是社會輿論的譴責，形成外在壓力。

所以，如果當事人缺乏良心，社會大眾又都不評價，此類劣行只會愈來愈多。

晚一點再來評價呢？有些人主張等「最終真相」出來，再判斷道德對錯。但等到最後才評價，可能有點太晚了，過了新聞熱點，起不了什麼教育意義。而且說實在的，我們通常也難以判定什麼才是「最終真相」。

像上述新聞事件，媽媽先出來說話，大家會認知一個「真相」；錄影帶一出來，又是另一種「真相」版本；等檢察官把兩邊叫去問話，發出的新聞又是新的「真相」；到了法官判決出來，又會有一個「真相」。法官判出來就是最終真相了嗎？頂多也只是「比較慢」的真相而已。「真正的真相」可能永遠無法揭露。

以降低自我打臉率為目標

所以太勇於批判社會現象，可能失之躁進；太保守，則可能失之姑息。那要怎麼辦？在一旁看戲講評的，反而比「小偷」和「失主」陷入更嚴重的道德兩難？

我認為這道德兩難並不是真的兩難，而是來自錯誤的道德自律。也就是說，我們對自己的道德要求太高啦！

我們總期盼自己的道德判斷永遠是「對」的，但這種想法太天真。人不可能「永遠是對的」，當然也無法永遠對社會現象做出正確的道德判斷。我們可以**透過錯誤評論的經驗來提升自我的判斷力，以減少錯判，降低「自我打臉率」為目標。**

「錯錯對對錯錯對」的修正過程

「但做錯判斷時，很丟臉耶！」

丟臉歸丟臉，你還是要先踏出腳步，經歷踏「錯」的經驗，才能慢慢往「對」的方向走。這世上沒有一步到位、保證不會錯的判斷機制，也沒有相關的「聖經」給你參考。

在這次的偷帽案中罵錯了，出來道歉，下次學乖點，只要做到不二過或不三過就好了。許多PTT鄉民就是在「督割案」（某士官割草時弄傷眼的疑案）中學乖了，在「洪仲丘案」時就展現了穩健的思維與推理能力，甚至形成龐大的社會力量。

躁進不妥，你也不可「忍」到錯過時機，讓他人的小錯釀成大錯，最後無法收拾。就在這種「錯錯對對錯錯對」的修正過程中，你會抓到評論道德現象的適切時點，不是快，也不是慢或完全不評論，就是一種中庸之道。這會是你個人的功夫，是我們稱為「睿智」的一種德行。

睿智需要時間淬鍊，沒有捷徑，但他人評論時的出包經驗，可以作為你的參考教材。你也該警惕，若自己老是把他人當教材，可能代表你總是「慢了一步」或「完全不評論」，這是不好的。

評價道德的三個建議

總結來講，對於評價道德現象，我有三個建議：

一、你總該對時事提出道德評論，不要怕錯，不能不罵。

二、罵錯要道歉、修正、學到教訓，下次更精明點。

三、別忘了，人家好的部分還是要稱讚，道德評價不是只有負評。

當一個社群裡頭的成員都勇於對他人提出道德評價時，這個社群才「健康」，有足夠的「抗體」可醫治內在的道德疾病。而缺乏這種抗體，社群將快速瓦解崩潰。在道德健全的社群裡頭丟臉，總好過在道德破敗的環境中丟命。

透過「罵」，我們可以建構出一個能糾正錯誤的社群機制。所以別再搞鄉愿，搞溫馨，**一個充滿嘻嘻哈哈卻沒人當批判者的社會，不可能會是理想的生存空間。**

關於原則
為何不吃蟑螂油？

「吃了也不會死」無法說服人，「吃了就不再是人」才是重點。

近年黑心食物的問題一爆再爆，何時會有終點，沒人有把握。政府官員雖然「震怒」再三，匆忙下架、回收、開罰，但也會強調這些黑心食品多數毒性不強，食用後影響不大，大家不用過度擔心，這多半只是「不實標示」或違反倫理的「小問題」。

百姓雖覺得這些官兒的嘴臉異常可惡，卻也難提出強而有力的反駁，只能「吞下去」。真沒辦法提出反駁嗎？不妨來進行一次「思想實驗」。

從「蟑螂油」到「莎蘭黑油」

請想像幾年後，某國際知名基因改造公司，成功推出一種基因改造蟑螂，這種蟑螂打碎之後可以榨出相當多的油，稍微加工之後，可以模擬各種油脂的質感，驗不太出差異，當然也就吃不出差別。

因為蟑螂的繁殖速度快，成本低，這種蟑螂油很快成為常見的工業與飼料用油。當然，精明的台灣商人也默默引進作為各種食用油的原料。

某天，這種蟑螂油終於在祕密證人的檢舉之下被抓出來了，媒體瘋狂報導，政府匆忙下架、封存、送驗。但驗出來的結果卻很正常，是不會傷身的油。

於是政府官員出來說，雖然廠商還是違法，但只是「標示不實」。這種油對身體是無害的，甚至還比許多油要健康呢！

廠商也跳出來說，殺蟑榨油聽起來很噁心，但我們決定自即日起，將蟑螂油改稱「莎蘭黑油」，重新上市！相信這名稱可搭上韓流熱潮，迅速重振消費者的信心！

然後呢？大家都安心了，第二天又開始快快樂樂、平平安安地生活。

屁啦，會這麼簡單落幕才有鬼。

只要「不會對人體有害」就行了嗎？

「對人體有害而不該給人吃」和「基於價值理念而不去吃」，兩者在「食物道德光譜」上，相距非常遙遠。

對多數人來說，「對人體有害」較為嚴重，應當作是食品加工的「最低標準」，低於這個標準，吃下去會生病，甚至活不成，該盡可能避免食用。如果有廠商生產這種東西，當然除了民事賠償之外，還要抓去關。

而「基於價值理念不吃」，則是食品的道德高標，除了包含「對人體有害而不吃」，也包括了「道德上不該吃」、「美學上不該吃」、「情感上不該吃」、「禮貌上不該吃」、「習慣上不該吃」、「信仰上不該吃」等等許多的狀況。除非陷入糧食不足或重大危難之中，我們通常不會吃這些東西。

但政府官員卻只守在「對人體有害」這條低標線。

他們主張，要政府掌控「基於價值理念不去吃」的食品，有實務上的困難（這困難就是他們的工作量會變得太多）。所以，大家別太緊張啦！萬一吃到蟑螂油，就當自己是碰到饑荒的災民囉！

不該吃的，就是不該吃

「對人體有害與否」在官員眼中成為及格線，在這條線以上就算是ＯＫ，只剩一些標示不實或違法使用的問題，「無傷大雅」。如果還能管控到「基於價值理念不去吃」的食物，就是八十分啦，做得到是福氣，做不到也還好嘛！

但**「對人體有害與否」在百姓眼中並非及格線，甚至連「高標」的「基於價值理念不去吃」，可能也只是剛好在及格線之上。**

想想蟑螂油。這東西可能做到比所有市售食用油都健康，但你若意外吃到，應該還是會覺得不爽，甚至比穆斯林吃到豬油還不爽。

因為你就是認定這個東西「不能是食物」。這種價值堅持是「錢買不到的」或「錢很難買到的」，你不願意付錢去買來吃，送你也不要，或是要給你幾萬甚至幾百萬你才會吃。

有些東西是錢買不到的

前面提過，「錢買得到」的東西是「外在善」，是人可以交易的財產或勞務，可以買到，也就可以捨棄，所以這不會是我們自我認同的核心價值。

而「錢買不到」的價值堅持是內在善，往往是我們定義自我的原則，也是人格的核心部分。就像穆斯林透過不吃豬肉定義他們自身的信仰與歸屬感，我們也透過不吃蟑螂來定義我們的人格尊嚴。

因此，當官員或學者表達「吃這個也不會死呀，安啦」的態度時，我們會認為這侵犯到我們的價值核心，貶低了我們的人格。**你可以用錢買走我的很多部分，但有些部分我是不賣的，因為若是賣了，我就不再是人。**如果你不當這是一回事，還想在我面前打馬虎眼，那就是瞧不起我的人格。

「吃了也不會死」無法說服人，「吃了就不再是人」才是重點。如果官員也是人，自然能體會這裡的價值差別，針對民眾的價值主張做出反應。但如果他們無法體會，也沒有反應呢？

只好餵他們吃「莎蘭黑油」看看會有什麼反應了。

關於誠實——從馬桶數量可以看幸福度？

世界各國都喜歡發明一個幸福指數，然後「證明」自己滿幸福的。

台灣政府曾推出一組很複雜以至於沒人理解的數據，這個數據指出台灣是亞洲最幸福的國家。乍見此新聞時，多數人都是以白眼為主，謾罵為輔。更有人發現這數據裡頭包括了「家戶馬桶數量」，使得這幸福指數愈看愈像是個笑話。但不只是台灣，世界各國都喜歡發明一個幸福指數，然後「證明」自己滿幸福的。

有人想起了北韓，因為他們的國民在資訊不足的狀況下，都以為自己最幸福，或是被強迫認為自己最幸福。當然也有人提到不丹，這國家雖窮，但國民的幸福感卻是最高的。

關於幸福，你怎麼想？

我們提過，幸福來自於內在善的累積，而內在善是種無法量化的價值，幸福當然也不可量化，政府的「量化幸福指標」顯然就不是非常靈光。

但我們也不該過分否定政府的努力。量化部分（也就是數字）涉及物質條件，而物質條件就是外在善，外在善可以輔助我們獲取內在善。因此量化的幸福指標，可以視為「追求幸福的物質條件指標」。還是有一些參考價值。

但我們可提出進一步的質疑。

政府認定某些物質條件對於追求幸福有幫助，因而把這些條件納入指標，但個人設想的幸福並不見得包括這些方面的條件。

舉例來說，政府所設想的幸福條件，可能是有無自用住宅，有幾輛車，家中有無冰箱、抽水馬桶，個人的學歷要達到某種程度。

但你設想的幸福條件，可能是有一筆錢，可以讓你同時找一百個傳播妹和你玩小奴婢與壞員外的遊戲，或是出門去小七買包菸，也能找八個金髮裸女（或裸男，看個人性趣）把你抬出去再抬回來。

不夠客觀的量化標準

政府設想的物質條件或許能符合一些人對幸福的想像，但不可能符合所有人對幸福的物質需求，那這種量化標準就不夠客觀。

而追求「客觀」，正是我們建構量化標準的原因。這種不夠客觀的量化標準，也就很容易吃白眼了。

這也是某些經濟學家在寫經濟學課本時，破題就強調經濟學不討論個人偏好的問題。

方法用對了，就會是幸福的

有人或許會認為政府盡可能提升ＧＤＰ（國內生產毛額）就好了，ＧＤＰ最客觀啦！只要讓大家有足夠的錢，自己去購買幸福所需的物質條件就好了。把ＧＤＰ視為「量化幸福指標」的簡化版本，好像有一點說服力哦？

但因為只有ＧＤＰ，這數字就只代表「ＧＤＰ」，離幸福更遠。

政府可以創造很高的ＧＤＰ，但因為分配不均，某些人非常有錢，其他的人則窮到無法追求幸福，這也無法稱為幸福社會。

就算你公平分配，有些人善於用錢，能在各種活動中充分獲得內在善，但另一些人可能掌握不到訣竅，缺乏德行，無論想了多少花樣，搞法再猛，花錢再多，都不覺得幸福。若是如此，這也不會是個幸福社會。

所以，要打造幸福社會，與其強調「生財」，不如**思考如何提升所有人「用財」的能力與智慧**。就算你只有一點錢，只要能以正確的（有德行的）方法來運用，那就會是幸福的。

你第一年出社會工作，努力擠了兩萬塊，在過年時第一次包紅包給父母（算是「孝」這種德行），你與父母應該都可以獲得濃厚的「內在善」，這是種溫暖的感覺。若父母感受不到，嫌錢少，那是他們缺乏德行，不是你的錯。

爛在頭？還是爛在腳？

回到「我們最幸福」這個主題。

各國政府推出的幸福指數，裡頭都是量化數據，吃得好、穿得爽、東西買得起、失業率低，都是最常見的「外在善」指標。

每個國家都可以針對自己的自然與人文環境設計一套指標，如果加上特定的政治目的，很容易得出「我們最幸福」的結論。但這樣的東西無法作為我們的參考或指引，因為這可能掩蓋了真正的政治問題。

不妨想像一下，若我國政府計算之後，判定台灣已具有一定程度，甚至亞洲第一的「外在善」條件，也就是追求幸福的基本條件最為優越，但百姓還是覺得不幸福，那問題是出在哪呢？

問題鐵定是出在「缺乏德行」。不單是百姓缺乏德行，很可能在於社會整體缺乏德行，社會存在著諸多「不正義」。外在善有再多，不能以適切的方法來運用，那也只是浪費。

這種整體社會失德的狀況，是怎麼發生的？是爛在頭（統治集團），還是爛在腳（百姓）？

陸客來到台灣，常驚覺台灣百姓有種在中國已難得一見的「仁厚溫文」之德。我想責任集中在哪一端，答案是很明顯的。

所以，當政府拿著幸福數據大吹大擂的時候，或許正是在掌自己的嘴。

關於義務 我們其實虧欠這些人

運動精英代表國家出賽，不是盡其「義務」，而是一種「超義務行為」。

每到重大國際賽事，都會碰到徵召職業運動員受阻的問題。在仁川亞運前的前置準備階段，也發生中華職棒不願派員參賽，以及女網徵召搭配上的問題。徵召職業運動員的困難，主要是來自於國家利益與個人利益的衝突。

代表國家出賽，可能會影響到職業運動員季賽的正常出賽與收入，也可能會影響其季外狀況調整，更可能會因此受傷，或是損失重要的業外收入來源。

要壓過這些利益考量，最簡單的辦法就是拿出錢來「交易」，但台灣運動主管單位就算有錢，也是最後才會分配給運動員，所以要硬拗運動員參賽，通常都是以「道德攻勢」為主。

別再用「國家從小培養你」的老梗

這種道德攻勢的主訴求是「國家從小培養你，回饋國家是應該的」，其次是「為了國家榮譽」。後面這個理由相當空虛，國內最具代表性的棒球員陳金鋒二〇〇六年的反問，更是直接打臉：「不能一直把國家榮譽掛在嘴上，培養年輕選手與整體成長更重要。……從小到大都是為國家榮譽，這樣還不夠嗎？但這真的是最重要的嗎？」鋒哥已經出手打爆，我們就跳過這個次要的理由。

而主要的理由，即「國家從小培養你，回饋國家是應該的」，我稱之為「虧欠說」。許多男性運動員因加入國外職業運動，為解決兵役問題而與國家有交換條件，常見方法就是接受一定年限的管制（期間要當隨叫隨到的「應召男」）。這是種「法律承諾」，其履行是應當，沒什麼好爭議的。

不過，運動主管單位的「虧欠說」訴求範圍遠超乎於此。他們認為政府長期出錢支持基層運動，讓這些運動員得以成為專業的運動精英，進而成為具有職業身價的選手，因此「虧欠」國家，之後「還」國家，也是應該的。最具體的「還法」，就是代表國家隊出賽。

但這種「借貸」關係成立嗎？

專業運動員的培養，是「借貸」還是「投資」？

台灣的確有許多運動員是幼年進入學校體系後，即接受專業的運動員養成教育，而在成年之後成為精英運動員。這種專業運動員的「資優教育」，算是「借貸」、「恩賜」、「贈予」，又或是「投資」？

鐵定不會是「借貸」。他們在接受這種專業養成教育之時，國家可沒白紙黑字說這些人將來長大要「還」些什麼。就算有，長大之後若沒變成精英運動員，那又該還什麼？這教育也不是「恩賜」。因為花在教育上的錢，也是納稅人繳的。誰是納稅人？不就是這些運動員的親屬、父母？又不是從官員銀行帳戶轉出來的，他們是有啥資格裝老大？

這也不是「贈予」，因為政府拿錢出來，不是送你隨便亂花，還是要看到一點教育成果。

所以最有可能的就是「投資」。國家認為這些人值得投資，所以砸錢下去。投資有賺有賠，那這會讓「被投資者」產生參加國家代表隊的義務嗎？我認為「不會」，理由如下。

回饋管道不只一種

首先，國家不只投資在體育項目上，更投資在其他各種教育向度上，包括外語、科學、音樂、美術，甚至是特殊教育。

某人從小是數理資優，接受國家的數理資優教育，長大之後就要參加奧林匹亞代表隊嗎？並沒有這樣的規定。那為什麼體育資優就要？

政府投資在資優學生身上，是期待他們能在將來產生多重效應，讓國家在學術研究、產業發展，或技術專精等各方面能有所拓展，而不單單只是代表國家出去比賽而已。

因此，投資在體育資優生身上，也是期許他們能提升國內技術水準與知能，甚至帶動國內運動風氣，不可能只局限在「代表國家隊」出賽。你可以選擇其他方式來回饋國家，不一定是代表國家出賽，所以也不會產生相關的道德義務。

只要基礎打得好，怎麼推都是夢幻隊

其次，代表隊的成績，應該是一國總體運動實力的展現。你如果**投資成功**，**餅做得夠大**，**基礎打得深**，那麼怎麼推都是夢幻隊。像美國要選籃球代表隊或棒球代表隊，隨便拉人也有世界一流的程度。

若是少了幾人，國家代表隊的整體實力就垮掉，那就代表這種運動投資根本是失敗的，你還硬要找出幾個拒賽者出來當戰犯頂罪，手法難看就算了，在道德上，最先該被檢討的就是政府自己。

尊重個人的自我意願

最後，是否代表國家出賽，屬於個人的自我意願，是個人「人格完整性」（integrity）之一環。「人格完整性」的定義，是「成年人對於自己人生的重大決定享有完整的決定權」，他人不得干涉，否則就會破壞其作為道德主體的責任關係。講白一點，你要一個人為自己的行為負責，首先就不能干涉他下判斷。

人格完整性的觀念在西方很普及，所以他們的國家代表隊常是自願參戰，實力不見得夢幻，但戰鬥意志滿點。

東方則一向藐視這種基本倫理權益，常以強制徵召湊出一堆「所謂夢幻隊」，其實只是把人轉變成為國族主義的工具，在道德上根本就是錯的。

「超義務」的出賽行為

說句難聽的話，政府官員常放在嘴上，念念不忘的這些「體育投資」，其實貧乏得相當可笑。以徵召最多的棒球為例，多數基層球隊靠的都是家長或贊助商的支持才能有競爭力，政府教育單位撥給的款項連維持球隊運作都有困難，甚至連買球具都不夠，有時，這些資源還被校方以「乾坤大挪移」的手法藏到不知哪邊去。政府高官自以為「貢獻良多」，其實只是臭美而已。

就倫理學的角度，這些運動精英代表國家出賽，不是盡其「義務」，而是一種「超義務行為」。

超義務行為指那些「沒規定你必須這樣做，但如果你這樣做，大家都會稱讚你」之事。像是勇者跳入怒濤中救溺，志工在戰火中搶救傷患，不論成敗生死，大家都會予以推崇，因為這行動體現出高尚的精神價值。

這些運動精英其實不欠你什麼，如果他們不願出賽，就像你不願為無關者擔負風險一樣，沒什麼好責怪的。不過，如果他們願意放下更好的賺錢機會，穿著代表隊服勉力出征，不論成績如何，他們都值得你起身鞠躬說聲：「謝謝。辛苦了。」

他們沒欠我們什麼，但我們卻虧欠他們許多。

資源運用
機殼王與雞排王

當這個世界淪為情緒論主宰的時候，我們所有人都可能成為受害者。

鴻海郭董曾質疑博士生跑去賣雞排是浪費高教資源，甚至應該開徵「浪費教育資源稅」。

有人認為抽這種稅難度很高，因此不可行。你要怎麼判斷誰應該納這種稅呢？博士要怎樣才能算是學以致用呢？像我這種哲學博士，又該做哪一行才不算浪費呢？若一定要去當大學教授才行，那像我這種只是兼任開課，主要工作是在媒體上開專欄罵大老闆的，是不用繳，還是要繳半額？

不過，如果由國稅局主導，真要收類似概念的「費用」，一點都不難。像二代健保的「補充保費」，說穿了就是技術性收的稅，只是裝成「不是稅」的「費」，讓你感覺比較沒有那麼痛而已。

在政治上，你永遠可以找到三千萬種技術來確保稅款入庫。郭董說要抽「浪費教育資源稅」，當然能訂出執行方法，就像你要抽「害太多員工血尿稅」，也是可行的。

「浪費教育資源稅」的理性基礎

我們該思考的是這種稅的理性基礎。

稅是種重分配手段，或是體現出某種責任關係。我讀到博士，國家在我身上花了一些錢，我對國家就有某種責任關係嗎？在前一篇有關於運動選手的部分，我們才討論過這一問題，於此可以換個更廣泛的角度，從政治哲學理論來切。

在政治哲學上，的確有很多人思考高等教育的價值問題。他們會問：「教育到底是什麼？」或「高等教育到底是什麼？」

而泛指大學以上層級的「高等教育」，是「社群對於其成員的一種投資」，還是「一種福利」？

如果是一種投資，要看這種投資是否保證獲利，但一般契約投資多半都不保本，更別說根本沒簽任何契約的「教育投資」。

高等教育是一種福利

我們來看看「教育投資」的形式：政府開出名額，某人靠本事考取資格，靠本事讀完，通過國家標準拿到證書，其中都沒有任何合約載明將來的成果要求。講難聽一點，科技部（過去的國科會）的專案研究計劃，這種簽合約才能領錢的東西，都還是一堆教授做不出結果，依然結案。為什麼？本來學術研究就沒有必定成功或必定致用，如果實驗要事前保證成功，那根本就不叫實驗了。

所以，高等教育不太能算是普通意義的投資，應該視為一種社群成員的「福利」，有本事的人就可以領這些福利，那花出去的部分，實在無法談什麼回報，就像大多數的社福都是丟錢出去，不求盈利。

這不是「資本門」，所以本來就不求回報，現在突然要回報，要抽「浪費教育資源稅」，實在說不過去。

是有效利用，還是另一種浪費？

但這種推論仍不夠完整和健全。如果你仔細思考，還是能找到一些內在的盲點，像是領到這些「高教福利」的人，可能是在社會中占有優勢的階級，和我們對社會福利的想像不太一樣。

而且我們現在發的「高教福利」，似乎有點太多了。

台灣現在有太多博士與博士生。如果我當初沒有主動放棄退出，現在搞不好已拿到第二個博士學位。有些人會質疑：過多的博士是社會病態、政策錯誤、資源浪費。真的是這樣嗎？

請想想，有人會認為推行國民教育，造成國家有一大堆小學生與中學生，是一種資源浪費嗎？大概不會，因為小學、國中都是基礎教育，是社會生活基本能力的養成。那廣設高中職呢？高中職算是進階生活知能，目前看來也變成社會生活的基本條件了，也因此才會有十二年國民基本教育。

到「大學生過多」，就開始有人講浪費。但大學生過多，真的是浪費嗎？哪邊浪費了？「浪費教育資源」、「浪費時間」都是常聽見的說法，那如果不浪費的話，這些教育資源和時間會投入什麼地方？

當我們說出「浪費」這種判斷的時候，我們往往並沒有想到什麼狀況才是不浪費。也許少兩間大學，可以讓台大做更多事，但「更多事」，或許是讓他們蓋更多更新的大樓，最後因為大樓太多，可能每百坪空間，卻只有一位師生使用。

別以為不可能，這種事正在所謂「五年五百億」的大學發生。

這是「有效利用」，還是另一種「浪費」？花一億買台儀器給台大教授研究腦結構，然後十年都實驗失敗，算不算「浪費」？花錢研究已經無人使用的西夏文，是不是浪費？（這問題真的在立法院出現過。）

情緒性的不滿，少了客觀

所以呢？

倫理學中的情緒論者主張，**當我們認為某個行為是錯的時候，很可能只是表達我們情緒的不滿而已，而不是真有客觀的對錯。**

郭台銘可能只是單純看那博士生不爽而已，他的看法找不到什麼客觀理論的支持。

請想像一個研究西夏文的博士生，拚死在沙漠中考古，假設記者拿這個人去問郭董，郭董對此會有什麼評價？

他可能什麼都講不出來，或是給兩句鼓勵，或一樣講浪費。

但我猜他沒辦法講出什麼，因為他大概不知道西夏文是什麼，更不會知道西夏文的價值。不知道是什麼，要怎麼表達情緒？但他知道雞排是什麼，看到博士生賣雞排，於是就有情緒。

不過，情緒論並不是個理想的道德態度。原因一想即知，「他惹我生氣，所以他是錯的。」此句如果恆真，那會是多可怕的事。

那到底博士生賣雞排是否要抽特別稅？這事件誰對誰錯？

我只能說，倫理學家可以找出一千種理由，把郭台銘痛批一頓。但這並不是因為郭董真違反了什麼倫理原則，而是因為倫理學家多半是博士，也打算混不下去時開個小攤販之類的。郭董無意間得罪了一大票的博士。

郭董一番話，至少能提醒我們，當這個世界淪為情緒論主宰的時候，我們所有人都可能成為受害者。

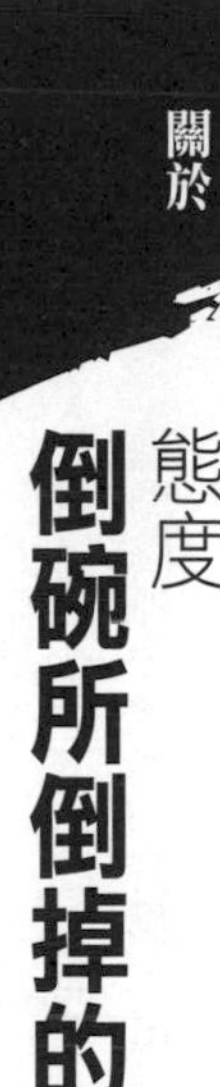

關於態度
倒碗所倒掉的

他們的錯比表面的失言更嚴重，因為他們還想把這種錯誤的道德態度教給學生。

談完高等教育，接著來看看中學教育議題。

南一中是南台灣首屈一指的名校，近年卻也發生過諸多倫理事件。請人來演講，學生與講者卻起衝突，差點上法院互控；還有在外用餐，學生和店主也起「倒扣碗」的衝突。

雖然有一些衝突，但其發生頻率並未高於其他學校。而且這些事件都進入一種「道德對辯」的情境，這可能代表學生較有反思能力。南一中的學生也曾在近年社會運動中展現強大的公民意識。

而「倒扣碗」事件，更值得我們來深入探討。

「倒扣碗」事件

這件個案有兩個發展階段。

第一階段是學生與店家的衝突。在南一中附近，有餐飲店提供南一中學生持證件可以加湯、加飯的優惠。某些學生入座時沒有出示證件，因此之後和店家起了爭執，在離店時丟菜單進湯碗裡，並倒扣餐具。這當然會造成店家清潔上的困擾。

第二階段，是此事透過網路傳開後，校方認定這是個消費糾紛，並推敲之所以會鬧大，可能有政治因素（據聞當時校長正考慮參選）。此外，有教官出來批評店家，並迴護學生，但校方否認有此教官。也有老師出來替學生講話，說如果他碰到消費糾紛也會有類似反應，最後亦在網友壓力下出面道歉。

是學生優惠？還是行銷手段？

這兩個階段牽涉到的道德爭點不太相同。

第一階段有兩個爭點。

第一個爭點是，持證免費給你加飯，算是慈善性質的優惠，還是吸引客人的行銷手法？如果是考量學生很窮，因此給予優惠，那麼這就具有正面道德意義。若是行銷的手法，那本身不具太大的道德意義。

就我個人的判斷，店家的這個服務比較像是給南一中的「優惠」，因為要行銷，應不論是何人都可以免費加飯，這樣來客會更多。

若這個行為是基於「慈善」背景的「優惠」，那我們可以去索討「慈善」，並抗議施善者的態度不佳嗎？

這好像就太過分了哦，就像我們看到乞討態度很差的乞丐時會非常不爽一樣。

用什麼方法回應？

第二個爭點是，店家態度不好，我們應該用什麼方法回應。

我們可以倒扣碗，丟紙條進湯裡嗎？認為倒碗不妥的人，可能主張你「杯葛」這間店不去吃就好，或是上網給予負評。你丟東西造成困擾，只是降低自己的格調，純報復，不能突顯自己的道德高尚。

認為應該採取「威力手段」對付店家者，則認為消費者處在相對弱勢，因為已經吃了，一定要付錢，沒有太多談判條件。所以店家如果態度差，當然就只能增加他們的「營運成本」了。讓他們多花一點時間打掃，這樣店家才會痛。

雙方都主張一種道德黃金律的形式，前者的立場是「己所不欲，勿施於人」，後者是「我若被這樣對待，就會這樣對待對方」。

兩者有一些差別。

前者發揮效力時，你會選擇「不做」；而後者產生影響力時，你會去做一些事。多數人可能會比較喜歡前者，這是因為我們的文化偏東方的保守精神。

學校應該負起更多責任

因此在第一階段中，多數台灣人可能會支持店家，但這並不代表店家的態度一定是對的，只是相較之下比較為人所接受而已。

就中學教育的角度來看，我認為學生的行為雖然不妥，但適當的指正，讓他們知道「這樣做太超過了」即可，實質處罰什麼的，其實不太必要。畢竟中學生還未成年，這種小過錯可以當作個人道德發展的基石。

但如果成年人這樣搞，我就會鼓勵鬧大了，告上法院也沒關係。雖然這一定會送調解或和解，但**採威力手段，可以讓成年人清楚知道自己不再是小屁孩，而是一個責任主體。**

這態度會影響到下面第二階段的討論。

在第二階段裡，學生的角色比較沒那麼重要，主要問題是校方教職員的一系列反應。這些教職引起更大的爭議，不只因為教職員身分，**更因為他們是「成年人」，應該有超出學生的判斷能力，並負起更多責任。**

那麼他們是否真的有錯呢？我認為是有錯的，理由如下。

不敢面對事實的大人

首先，他們也知道學生有錯，卻還是不肯面對事實與道德評價。

四名學生一直沒有出面澄清，理由很簡單，就是因為知道自己有錯。校方不讓他們曝光，也是因為知道學生有錯。如果沒錯呢？

學生撿到幾千塊的路不拾遺，會不會讓學生曝光？

當然會。碰到好事，還會硬拉媒體來拍咧。

但這個案子，學校就是東擋西擋。講好聽，是擔心外面批評聲浪大，學生會有壓力。講難聽，當然就是「心虛」了。因為案情真相如何，他們自己最清楚，是不是心虛，相關人等的行動就是最好的答案。

缺少危機處理能力的大人

再者，這個學校的危機處理能力是爛到有剩。這對學生來說，又是一個不良示範。

校長若第一時間請學生私下道歉，或至少雙方在不公開的場合談和解，就沒有之後網路、媒體傳播的一堆鳥事，這四個學生也不會有人記得。搞到最後，不只學生被罵，校長老師教官也都被罵到臭頭，這麼差的結果，怎麼會是道德上正確的行動呢？

還有，這些幫學生講話，說「這沒什麼」、「我也會這樣做」的師長，都是成人，這些成人的道德判斷能力顯然有問題。而且他們並非倫理學專業，充其量只是「活得比較久的人」，他們的經驗談在倫理學上不見得站得住腳。

當他們開口時，應該想到自己教育者的身分，不應超出自身的專業亂唬爛。他們的錯比表面上的失言更加嚴重，因為他們還想把這種錯誤的道德態度教給學生，那就不只是個人品德問題了，會進入公領域。

孩子的智慧絕不能「到此為止」

這個事件之後的發展呢？

一如多數的台灣校園故事，是「不了了之」。這倒應了校方的心願，因為在事件的整個延燒過程中，他們只會不斷說「到此為止」、「到此為止」。這些「成年人」，是電玩裡只會說同一句話的NPC嗎？你說到此為止，就到此為止？你是道德標準委員會的嗎？

南一中學生參加推甄時，被大學教授當面問說：「對於貴校那個扣碗的事件，你有什麼看法？」你也要學生回答「到此為止」嗎？

別只是指責學生太衝動或沒有處事智慧。在成人的世界裡，比高中生還沒智慧的人，多的是。

※NPC：指角色扮演遊戲中非玩家控制的角色，而是由遊戲主持者或程式預設所操控。

關於真相　聖人的新聞台

如果標榜崇高價值的宗教媒體還這樣搞，只代表主事者走向腐化與墮落。

影響全台的餿水油事件，不論紅藍綠統獨各類媒體對此都是一路喊打，打到都快出汁了。因為這個包實在太大，不跳出來一起罵，鐵定會被認為和賣廢油的有一腿。

不過，理論上應該持較高道德標準的宗教電視台新聞，對此卻是輕輕放下。因為出事的企業中，正好有此宗教團體的長期金主。甚至在上一波的「混油」事件後，還曾替這家（也出包的）企業發過公關漂白新聞。

這觸及了一個深層新聞倫理問題。政治或商業力量企圖影響新聞媒體，主要是透過錢或具體利益（與威脅），大致上屬於「外在善」（錢可以買到的東西）層次，其腐化的內在善相對有限。

但宗教高層影響旗下宗教媒體的新聞內容，「內在善」（錢買不到的東西）層次的問題，就會相對嚴重許多。

其道德缺陷會比一般新聞台的「業配新聞」還嚴重，因為這**不只是新聞的腐化，也涉及了自身組織的腐化。**

宗教往往「管得比較寬」

就當代倫理學的論點，一個健全的道德觀可建構在無「宗教預設」的狀況下。要分辨好人壞人、對事錯事，可以不透過神佛的指引教導，你自己有腦就辦得到。

當然，這類發自人心的道德觀，在控制力量上，可能還是比建構在宗教之上的道德觀要來得弱。

而建構在宗教之上的道德觀，往往將死後的獎懲納入道德約制中，所以「管得比較寬一點」，內在控制力較強，道德標準也可能較高。

舉例來說，無宗教基礎的道德觀所認定的「不可說謊」範圍，會比宗教道德觀小許多。當早餐店老闆娘對你喊：「帥哥，一樣照舊嗎？」「正妹，今天要吃什麼？」一般人會認為這種謊言無傷大雅，只是搶生意花招，但宗教人士或許認為此舉已可稱「詐欺」，是「打妄語」。

新聞少了真相，還能叫「新聞」嗎？

話題拉回新聞。普通新聞台做業配新聞，和宗教新聞台做業配新聞，當然後者受到的道德譴責會更多，因為宗教電視台較無資金和營利壓力，更該排除商業影響，以高標準自律，不然信眾的資助就會失去意義。

不過，如果是袒護自己的信眾呢？

這類似於傳統媒體處理「涉己」新聞的倫理考量。涉己新聞，就是與該媒體自身相關的新聞。在處理涉己新聞時，需特別注意價值上的客觀性與平衡報導，也有一些應該迴避（不由當事人參與採編）與特別需要額外說明（媒體自身作為一個被採訪者）的部分。

那宗教新聞台呢？

播點「讚嘆師父」的新聞，並無不可。但新聞與一般拍馬屁傳教節目的不同，在於其「本真性」，也就是其存在本質包括了「傳遞真相」，**少了真相，新聞節目和廣告、綜藝、連續劇，就沒差別了。**

所以，如果自己人真的好，當然要報。但自己人惡搞呢？或是自己人餵大家吃大便呢？

那當然也是要報。

因為這樣才是「真正的好」，**求真才是求好。**

當信仰變了質……

同樣地，金主信眾若有正面貢獻，當然也可以報導。但金主信眾出了大包呢？佛祖耶穌活著也看不下去的大包呢？你應該遮蓋嗎？

一般的媒體蓋這種新聞，那就算了，因為有些媒體就是自認市儈，走賣身路線。如果自封為聖，標榜崇高價值，拿著高標準東量西比的宗教媒體還這樣搞，只代表主事者走向腐化與墮落。

倫理學家認為，當某制度（高層的管理模式）開始影響一個人類活動（如「新聞製播」），使其轉向外在善（募款）而放棄內在善（新聞的本真價值）時，就代表這制度腐化了。

當主事者試圖為金主的惡行漂白，且同時覺得「這沒什麼」、「應該的」、「不影響修道」，甚至還「對宗教事業發展有幫助」，就代表主事者的道德堅持已開始崩解。當別人指出這問題，他們卻拚命反駁、不肯承認時，又會加深這種腐化。

腐化到了極端，這個活動就會開始崩潰。不只是新聞，整個信仰體系也會隨之崩解，因為他們已經不再為了內在善而存在，而是為了外在善（錢）來運作。

真正的「明鏡」，照美也照醜

唯一的解決之道，就是自省，不但主事者要自省，也該建立自省機制。而新聞媒體本來就是種反省的機制，不但可以幫助更大的社群反省，也可用以自我反省。所以最可貴的新聞媒體，是**勇於承認錯誤，把寶貴的頻道或版面資源用以檢討自我的媒體**。而最好的宗教，也是把道德審查大炮指向自己的宗教。

宗教當然可以辦電視台、播新聞，但這面明鏡不只照美，也該照醜。若是鏡中有美而無醜，那就該小心，這或許已變成一面魔鏡了。

第三部

對錯

關於理念
從胸部談責任感

每種行業都有自身的責任感理論，站在外頭看，多數如同女子偶像的「責任感」一樣變態。但身在裡頭呢？搞不好你就是擠得最凶的那個。

最近和一些朋友聊到工作場合的「責任感」問題。各行各業差別那麼大，從「責任制合不合理」到「什麼叫自己的事」，有關職場倫理責任感議題，吵起來是沒完沒了的。

在追日本女子偶像團體ＡＫＢ48的阿宅們眼中，「責任感」一詞有全然不同的意味。對他們而言，「責任感」是個暗語，指的就是「胸部的大小」。ＡＫＢ成員胸部愈大，就是「責任感愈強」。

這是一種婉轉的形容法，可以讓一群阿宅在討論事情時不會顯得太過直接或低俗。「小櫻花的責任感愈來愈強了。」「責任感這麼強，可以改叫大櫻花囉。」這種感覺就非常的紳士。

該露的時候，多少要擠一點

不過話說回來，偶像女星的胸部大小，的確也與職業倫理有點關係。就算「本來沒有」，在該露的時候多少擠一點，至少往上擠一級，並不算欺騙，反而算是滿全其職業道德。

正如台灣的show girl，如果「忘了帶」事業線到工作現場，也常會引發業主痛批其「根本沒有職業道德」。

每種行業都有自身的責任感理論，有時非常畸形。站在外頭看，多數如同女子偶像的「責任感」一樣變態，高科技業的責任制就是一例。

但身在裡頭呢？搞不好你就是擠得最凶的那個，還指責隔壁只有帶一公分事業線的同事：「老闆付你本人的時薪只有一百一十五呀！其他的六百零五是付給你的胸部！做這麼久了還搞不清楚狀況！」

網路專欄作家的「點擊數」

我寫一些有稿費的網路專欄。說真的，我不太清楚這行的職業倫理。這是個剛在發展的業別，不見得能參考傳統紙本專欄的倫理模式，也從來沒有業主或管理者、編輯告知我具體的要求。

他們很可能自己也不清楚。

不妨來思想實驗一下，設想某位新人網路專欄作家的可能責任。人家付我三千塊一篇，那我應該替付費的業主帶來什麼「服務」呢？當然最直接的，就是文章能吸引讀者的「點擊數」了，這是網路業者的主要績效標準。

但我應該帶來多少的點擊數，才算是責任已了？

可以參考其他同行的點擊數，「至少不比平均值低」，這是個很簡明的解決辦法。但是如果所有的作者都在擺爛，平均值很低，那業主不就很可憐？如果同行都超認真，平均值很高，那我不就操死自己？

為了「數字」，你可以做到什麼程度？

你也可以探聽一下各家營收，先求讓業主能回本就好。這當然是商業機密，但我因為人家寄錯信，外加有新公司和我談條件，兩相參考對照之下，大概能掌握一個數字。

假設這關鍵數據就是「每個點擊可以替業主帶來的商業利益為零點二元」，那麼一篇文章收他三千塊，就代表要衝到一萬五千次點擊，業主才能賺回他付給我的錢。一萬五千次！這是非常不容易的數字哩！

就算你的「責任」是一萬次點擊，那也不容易達成。在沒有俄羅斯殭屍軍團力挺下，光靠台灣兩千三百萬人，要力拚點到一萬次，無可避免就會出現另一重倫理爭議：譁眾取寵。

像我的運動倫理專長，就不能一直出來見世面了，為什麼呢？因為這種文章頂多只三、四千點擊。寫這種文章可以滿足我的學術責任感，但在老闆眼中，可能就不太有商業上的責任感。

寫時事評論比較受到歡迎，但你也不是天天都有好梗，而且無可避免必須走一些偏鋒，講話嗆一些，故意引戰之類的。但方向一偏，可能會違反你的專業良知。所以你該先確定自己可以為了數字做到什麼程度。

衝理念之前，先找到現實共識

數字，就是我們一再提及的「外在善」，是錢買得到的東西。而文章的品質，包括內容基本水準與道德取向，是「內在善」，這是錢買不到的。最理想的狀況，當然是兩者得兼，如果必須取決，倫理學家當然建議你只選內在善。但事情往往沒那麼簡單。

我們社會對於一般低階勞動者的要求，是「先求對得起薪水」（低標外在善），再談內在善（理想）或是更多的外在善（賺更多的錢）。你沒辦法幫老闆回本（你的薪水），還在那談真善美，保證會被幹到飛起來。你會被罵沒有責任感，因為人家不是出來做慈善事業的。

如果堅持追求真善美，我勸你不如自己集資開業，自己肉身下去滾一次釘床，就知道怎麼在外在善和內在善之間冷靜思考。我想多數人的結論，應該還是先求活下去再說。老闆懂這個道理（廢話，你燒的是他的錢），但很多一輩子領薪水的人看不透這點。不是說上頭的態度永遠對，我是說他們至少知道「先活下去，其他再講」這種事。你活下去之後，你要講理念，很好啊！你決定不講理念，要賺黑心錢，那也是你自己的選擇，此時的道德責任又是另一回事。但你至少已經過了第一階段。

在「沒人出錢你就活不下去」的階段，總該思考你在數字方面應有的責任感是什麼。衝理念之前，至少先和業主談一下，看看你們在數字方面有沒有共識，有共識就做，沒共識就走，千萬不要沒碰數字，就在談神遊天界見上帝的事。

這就是我最近和一些朋友談的責任感問題。最後還是要強調，我們談的並不是胸部。

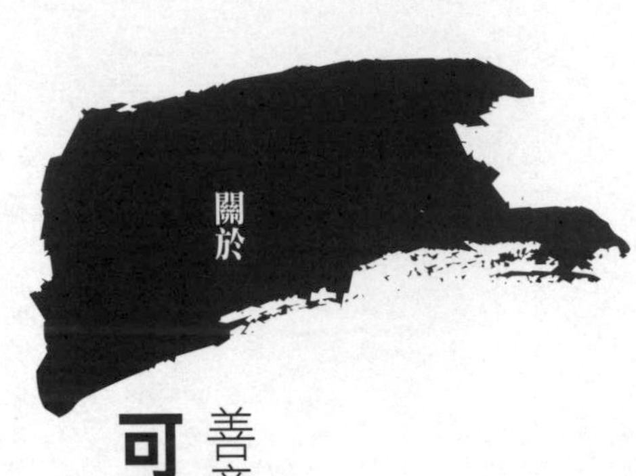

關於善意

可以只捐1元嗎？

不會覺得心痛，那就沒有「犧牲」，不太算是慈善。就看你捐到多少會開始心痛，比那多一點點就好。

台灣社會充滿捐錢的機會。

這不是說窮人很多，「捐錢的機會」，指的是擺放在店家櫃檯的各種大小的捐款箱、發票箱，還有路上的制服組（穿著「你懂的」那種制服）與便服組（通常與地面很貼近）的募款者。

捐錢的機會那麼多，那到底要不要捐呢？什麼時候該捐呢？又該捐多少呢？

捐不捐，看你的良心安不安

「慈善」這種道德行為，根源於「勇」這種核心德行。「勇」不是指那種拿刀出去砍人的「勇猛」，其真正的定義是「犧牲自己以幫助他人」。

在之前的討論中，我們提到行為的對錯要看其程度是否適當，因此捐款這種行為是否正確，就要看「犧牲的程度是否適當」。

捐太多或捐太少都不對。

有些宗教團體認為「捐很多」或「全捐」、「裸捐」，才叫「大德」，但那也只是該宗教團體的內部自爽，社會大眾通常不會這麼腦殘，因為這種捐法不利社會穩定與存續，有很多家庭就是因此鬧翻或是受到嚴重的破壞。

捐太少，當然也會被視為是吝嗇，是「見死不救」。那該如何拿捏出錢出力的「中庸」標準？就算無法提供普遍、客觀的標準，那能不能具體說明在各種情境中產生標準的方式？

大多數人認為這種出錢出力，其適當與否和個人的經濟條件相關。不過，除了有錢出錢，沒錢出力，有錢人郭杯杯多捐點、沒錢人周小弟少捐些這類的「收入標準」之外，還有一個更重要的標準，就是「良心安不安」。

心理上的親近感

台灣人對日本三一一海嘯巨災大筆捐款，多半是看了災區慘況，感到「於心不忍」，惻隱之心是也，所以捐款甚多。惻隱之心就是種良心，而良心是我們在家庭、社會生活中所培養出來的能力（當然也可能是由先天內建在大腦中的基礎所發展出來），有助於我們在社群中存活，也有助於社群的存續與發展。

但日本人和我們並不是同一個社群呀！

雖然不是同一個社群，不過，日本是和台灣關係較緊密的兩個社群，兩者原本就有一定程度的文化互動，所以當日本社群受到傷害，你會覺得自己也有援助的義務。感同身受的範圍不限於社群內部，捐助者和受害者的關係強弱，在良心判斷上也有其重大影響。

假如剛果發生大水災死三千人，就算看到災區鏡頭，我猜多數台灣人應該也不太會捐款，因為感覺「他們」和「我們」沒有連結。

人本來就有遠近親疏之分

有些道德客觀論者，會批判「我們」是大小眼，「大家都是人，應該以同樣的標準對待」。

但問題是，我們本來就會優先照顧相熟的人，也會給親人較多的道德關懷（如火災時先救親人），如果給予所有人平等的道德待遇，會破壞原本建構在「信用」之上的互動機制。墨家的「兼愛」只是宗教式的浪漫理想，很難在現存的社會關係中實現。

有些學者認為「互惠利他原則」會在此發揮作用。

因為對方是個好的長期合作夥伴，已和我們有利益共生關係，所以會想捐錢讓其社群能存續下去。而中國大陸震災，很多台灣人不捐，這或許是因為長期敵對，認為對方不是好的合作夥伴。

菲律賓的狀況也很類似。雖然離台灣很近，但台灣長期以來都和菲國沒什麼互動，也沒什麼「互惠利他」的經濟合作，加上之前菲國射殺漁民事件，以及菲國總統的忘情演出，惹火台灣人，這種關係就更弱了。所以之後菲國發生風災，台灣人的掏錢意願就變低了。

比你會心痛的程度「多一點」

談這麼多，只是要指出，捐款恰當與否並沒有明確的數字標準。但全然沒有一套計算模式，就算「良心爆發」，也不知道該捐多少呀！

我聽過一個不錯的具體建議：「比你會心痛的程度多一點。」如果捐十元給路邊的丐幫，不會覺得心痛，那就沒有「犧牲」，不太算是慈善。有些學者甚至認為這「有點惡意」，有侮辱人的意味在。

如果五十元還不會痛，那捐一百呢？捐一百元會小心痛？那就可以了，頂多加到兩百，不用捐到五百、一千。

對於生活中的大小捐助，都可以抱持這樣的原則。捐給零錢箱，十元就心痛，那就ＯＫ。捐給大震災，五千都還沒感覺，那就該多補一些。就看你捐到多少會開始心痛，比那多一點點就好。

因為每個人的認知不同，因此不存在一個公定的絕對標準，**只存在一個位於你心中的主觀標準。**

自己問心無愧就好

那我們是否可以批判他人捐款的數額呢？

那是另外一個問題了，需要不同的道德原則，通常和政治哲學理論有關，你可能要先確定自己引用的正義為何。在這裡，我們只要確定自己能問心無愧即可。

就以心痛為準吧，若捐一元也會大心痛，那不捐也是可以的。我一向以樂透做慈善，如果政府要拿樂透的錢去給救災，拿多、拿少，我都是沒有意見的。反正幾乎每一張我都心痛過了。

關於節制

我們都誤會賭博了？

「投資」這事對絕大多數的人來說，其實也和賭博差不了太多。大家都沒啥知識，只是拚手氣而已。

不如就從一個大家都曾聽過的「傳說」講起。

「傳說」某個大富之家，原來經營產業得宜，父慈子孝，全家和樂，但自從家中某人開始沉迷賭博，錢天天往賭場送，祖產不夠賭，更向錢莊借了不少債，最後家道中落，父死子哮。

這傳說可能出現在任何時空，甚至就是鄰居或自家的寫照。很多人認為這「傳說」就是「事實」，所以應該禁止賭博。我認為的確存在許多類似的「事實」，但這些「事實」能夠證明賭博是錯的嗎？

賭博和投資，都是拚手氣

在討論賭博的對錯之前，要先確定賭博是啥。

通常來說，「以運氣來決定結果分配」的行動，就會被我們視為賭博。如果其中的知識愈多，技巧愈複雜，我們就愈少將之視為賭博，而會用其他的詞彙來稱呼，像是「投資」。

但「投資」一定有風險（那個念得很快的基金廣告警語第一句就是），因為要獲得金融、經濟相關的知識與技巧很難，所以「投資」這事對絕大多數的人來說，其實也和賭博差不了太多。

大家都沒啥知識，只是拚手氣而已。

若賭博是「以運氣來決定結果分配的行動」，那在道德上有錯嗎？

很難說有錯。

在探討「程序正義」時，有些學者會以「丟銅板」或「猜拳」決定事情為例，認為這兩種都可以是公平的分配方法。丟銅板或猜拳本質上也是賭博，但它們都可以成為正義分配的手段，所以賭博可以是道德中立的。

當然，現實世界的賭博比起丟銅板複雜許多，這些「明顯就是要賺錢的賭博行為」又有對錯嗎？

一如前述，賭博敗家的故事在我們社會中頗常見，某位女歌手一再出來開演唱會，其背後就有著這樣的傳說。

但就算這些故事是真的，也沒辦法證成「賭博」是個道德錯誤。有很多賭博敗家事件，是因為被「詐賭」而敗光家產，這就不能說「賭博」這個活動本身有錯，因為「賭博」在「詐賭」的狀況下，自身也是受害者呢！

就像國內一再發生的職棒放水案，傷害的不只是球迷的感情，受重傷的也包括了運動賭博產業（合法與非法一起掛點），因為這些案件多半是「詐賭」，是要破壞賭局原本的公平性以從中謀利。

賭博是不道德的？

有人或許會這樣爭辯：「賭客通常只會虧錢，賺錢的都是莊家，所以這是不道德的。」

雖然虧的人多，但還是有些人透過賭博賺到錢，一些玩德州撲克的職業賭徒就是例子，因此這種說法也不能成立。

何況對「敗家子」來說，賭博只是他們損失金錢的一種手段，他們可以透過其他方法敗掉這些家產，像是買包包給酒店妹等等。他們就算認真投資股票、開店做生意，也可能敗掉家產。

如果賭博造成他們虧錢，因而在道德上有錯，那麼其他花錢的消費、虧錢的投資，難道都有道德錯誤？

投資虧錢，有時是運氣問題（別忘了，賭博也靠運氣），你就是剛好買房碰到地震垮了，養鴨碰到禽流感死光了，就算你避險操作不足，難免有些道德責任，但能把責任全怪在你身上嗎？

錯不在賭，而在過量

那這些敗家子到底錯在哪裡？做了一堆道德中性的事，卻把家產花掉了，難道沒有任何錯誤的地方嗎？

如果有錯，那一定是「過量」，他們賭過量了。問題並不在於賭博，而是在於「過量」。

不論吃喝玩樂，只要居於「中庸」，就不會有什麼道德問題。那要怎麼拿捏出適當的程度？

這和「節制」這種德行有關。「節制」是西方最重視的四大德行之一，它可以確保我們的欲望不會過度伸張。

我每週都會固定買樂透，有時多，有時少，但每月會控制在一千塊上下，因為這就是我的娛樂預算，買樂透算是我的娛樂。

我若中了，就會立刻換新的樂透，輸完就算了。如果我打網路電動需要買點數，我也會從這一千塊預算中支用，樂透就少買一些。這並沒有對我造成什麼壓力，因為這是我的娛樂，中中賠賠之間可以帶來一些樂趣。

不管賭不賭，「管好自己」最重要

當然，你可以質疑「樂透最後不總是一場空？」

但打電動不也一場空？

去唱ＫＴＶ不也一場空？

去吃牛肉麵，最後也是拉出來，不也一場空？

有玩到，有在過程中獲得「內在善」就好。計較空不空幹嘛？空空法師嗎？

所以**重點在於「事前設定」與「自我控制」**。賭博存在於我們社會的每一個角落，而有些人就是控制不住，因而造成為害。我們不應直接否定賭博，而是應該關注個人的自我控制能力。

就算沒有賭博，有些人還是控制不了自己，一樣會犯下道德錯誤。所以別貿然指責賭博一定是錯的，或痛罵開設賭場經營課程的系所是「下賤、毫無教育胸襟」，管不住自己的人才是問題之所在。

禁絕無用，想賭的人還是會偷賭。透過實際的消費過程，才能培養出真正的控制能力。

浪費

魚翅＝5000元的白蘿蔔？

以「浪費」的行為來創造小確幸，是大炮打小鳥。「小」確幸就是要以「小」成其「樂」，你硬拿「大」排場的東西來幹嘛？

魚翅在台灣文化裡，有奢華、喜氣的意味，因此過去的重大宴會中，通常都會有道魚翅料理。但最近魚翅的形象變得愈來愈負面，除了有生態保育的爭議，也和「政商黑金」連結在一起。

以前在政治圈工作時，的確很常吃魚翅宴。有陣子為選舉固樁，甚至天天吃，吃到都快長出魚鰭了。

在反黑金的社會氛圍中，「魚翅宴」已成為一種罪過的符號。

但吃魚翅真的有錯嗎？

還是只要像我前面說的，「適當」、「中庸」就好？

有趣的是，吃魚翅最「適當」的量，或許就是盡量少吃，除非必要。這代表「專門去吃魚翅」這樣的行動，在道德上很可能是錯的。

取魚翅太殘忍

我們先從「反對吃魚翅」的理由看起。

最常見的反對理由，是有些漁民殺鯊只取翅，而把其他殘體部分丟回海中。除了翅以外的鯊魚肉，當然是可以食用的，不然夜市裡黑白切的鯊魚煙是哪來的。你把可吃的肉丟了，這在道德上叫「浪費」。

當然，反翅人士更重要的理由，是漁民把割了鰭的活鯊丟回海中，鯊魚在失去鰭的痛苦狀態下根本無法生存，只能慢慢等死。這種作法太殘忍，實在「不仁」。國內漁政單位一直強調這種狀況不常見，鯊魚肉會一起賣，但還是無法完全保證國際漁業不會有這種狀況發生。

雖然從倫理學上看來，這不是非常嚴重的錯誤（我們浪費的東西和虐殺的生物可多了），但這種說法簡明又能喚起多數人的同情心，的確有其威力。

保護瀕臨滅絕的鯊魚

反翅人士的第二個主張，是許多種鯊魚已瀕臨滅絕了，不應再吃魚翅。這種說法如果成立，會造成連鯊魚肉都不該再吃。就科學數據來看，多種鯊魚的數量正快速減少，瀕危種類不斷增加，但還是有幾種鯊魚的數量仍足以因應漁撈（雖然也在減少中）。

此外，有時大網下去，會在撈捕目標魚時意外撈到鯊魚，通常已經死亡，丟回海去也沒意義，不如吃掉。這時不吃又是「浪費」了。因此這個反翅論證有點不夠力，但隨著鯊魚愈來愈少，會愈來愈有力。

還有其他替代品可用

反翅人士的第三個理由，是魚翅有許多替代品。

魚翅本身沒有味道，需要透過雞湯、火腿去提味，多數人是吃那個口感。但在高科技的年代，那口感可以用魚膠或植物膠類的東西製造出來，價格低上幾十幾百倍，而且普通超市都買得到。

很多美食家說他吃得出差異，但我認為是唬爛（別忘了，我之前吃過超多頂級的政治魚翅），就算他們真的能區分，但**絕大多數人都不是美食家，應該是吃不出差異的**，那就可以用仿真品取代。

我還看過一堆人連冬粉和魚翅都分不出來，別說假翅和真翅了。因此，如果你可以買到便宜又口感相同的東西，那當然應該吃便宜的，不然還是「浪費」。

吃翅不補翅

反翅人士的第四個主張，是吃魚翅對於個人沒有什麼幫助，不是必要消費。的確，就化學結構來看，吃魚翅對於健康沒特別的幫助，也無法讓你比較會游泳，更沒辦法「吃鰭補鰭」。所以這個東西在「改善自我」方面也沒必要性。

人的行為是有彈性的

上面四點是反對吃魚翅的說法，主軸是圍繞著「浪費」這種惡行。那有沒有挺吃魚翅的道德論述呢？也是有的。

「啃翅人士」的第一個主張，是魚翅產業相當大，如果不吃魚翅，從漁夫到賣魚翅的店家都會失業。

這種說法經常由漁民或相關利益團體（如迪化街商販）主張，在網路上也可以看到漁家子弟出來力挺家鄉產業。但我認為這種說法站不住腳。

專門捕捉鯊魚的漁民並不多，因為鯊魚不是很好鎖定的目標魚種，通常是和其他魚一起捕撈到的。

就算真有專捕鯊魚的漁民，如果大家都拒吃魚翅，他們也還有鯊魚肉可以賣，或是改去抓別的目標魚，又或是轉行去做別的工作。可是鯊魚無法轉行，也沒辦法把自己的鰭演化到消失。

鯊魚沒有「彈性」，但人的行為是有彈性的，這論證忽略了人的彈性，反而突顯當事人的「怠惰」、「擺爛」、「缺乏競爭力」及「無法在自由貿易的世界中生存」。

昂貴的魚翅不會讓人幸福

「啃翅人士」的第二理由，是魚翅的稀有性與高價性，讓其成為很好的禮品與食品，可以透過贈禮與消費的過程而提升人際之間的關係與情感。

的確很多人這樣主張，但這種說法其實非常古怪。買魚翅是因為要送人，或是讓大家吃的佛跳牆更猛一點。贈禮者期許賓客從湯裡夾出魚翅時，會有小興奮，進而產生小確幸。

春節時的白鯧，也是因為這種心態而變成一條要一、兩千。很多老人過年沒看到白鯧，就像會往生一樣，所以白鯧是作為強心劑而這麼貴的。

回到魚翅。有些賓客的確會因湯裡有魚翅，而獲得小確幸，但多數人的反應可能是「喔喔」，因為魚翅吃起來真的普普。

這種說法的問題仍是在於「浪費」。以「浪費」的行為來創造小確幸，是大炮打小鳥。「小」確幸就是要以「小」成其「樂」，你硬拿「大」排場的東西來幹嘛？吃滷肉飯那種才叫小確幸呀！

而且**以高價消費來增益情感的作法**，**實屬「愚蠢」**。不信的話，你可以去街上買一根五千元的白蘿蔔。買不到這種東西？你給菜販五千，然後拿走他一根蘿蔔，我相信他不會有意見的。

你拿這五千的蘿蔔丟進佛跳牆，接著對大家說：「這可是一根五千元的白蘿蔔呢！」大家一定會「哇！好屌喔！」然後覺得很幸福。

覺得很幸福？

屁啦！白蘿蔔哪有什麼好哇的？台灣哪來一根五千的白蘿蔔？這根本是一場狗屁。但你這樣唬爛人，我相信還是有人真的因此爽到，但那種爽，根本就是蠢。魚翅就是這樣無聊的東西。

錢要花在實際的地方

總結來看，反魚翅方的論述多半有點道理，而啃魚翅方的說法在倫理學上都站不住腳，所以我認為「吃魚翅」是錯誤的行為。除了美食家的「美學」堅持外，這行為沒有合理的道德基礎。

年節喜慶，如果你的家人想買或點魚翅，請勸阻，把錢拿去買實際一點的東西吧。如果已經買了，就好好享用（以免浪費），並勸告採購者下次別買了，或是買假的就好。

家人若實在聽不懂人話，就請拿出你那一根五千元的蘿蔔，讓他們好好鑑賞一下。

關於

價值觀

這世界，什麼都能賣嗎？

當我們一直思考「怎麼做才對」的時候，必然會因為找不到答案而痛苦。想不懂，想不出來，不是你的錯。有想過，有討論過，就夠了。

邁可・桑德爾（Michael Sandel，《正義——一場思辨之旅》一書的作者）近年成為哲學界的風雲人物，只要是稍微關心社會議題或注意政治哲學理論的，都會提到他的開放課程，也就是哈佛的「正義」通識課。這可以免費在YouTube上面收看，有多種中譯版本。

兩難的「電車問題」

許多人會討論他提到的「電車問題」：

一列煞車壞掉的電車正高速前進，在其前方軌道上，正有許多不知此事的工人在施工，而且地形讓他們很難在看到電車後逃離。你可以讓電車在撞到人之前轉向，但轉向後的另一條鐵軌上，也有工人在施工，只是相對前者為少。如果電車衝來，他們同樣無法逃生。

你該怎麼辦？該不該轉呢？

這個問題非常有趣，因為轉或不轉，看來都不是最佳的選擇。這牽涉到哲學上的規範倫理學論爭，無法在這麼短的篇幅內討論完，就先予跳過。

我要討論的是另一個有趣的狀況。大約有九成收看這個課程影片的視聽大眾，都沒有把這門課程系列看完，多數人甚至連第一集都沒看完。

當然，沒看完也不會怎樣，百分之九十九．九的人類都沒看過這個課程，還是活得好好的。但為什麼多數人只是「搵個豆油」，就看不下去呢？我想，大概是因為這個課雖號稱「普及哲學」，但還是需要許多前備知識，也就是先要讀過一些書，才能看得懂。

這個「正義」課程其實是哈佛大學的通識課。哈佛現場的上課學生，是讀了不少書才去上課的，也因此才能在場中侃侃而談。

他們每堂課前都要求學生細讀特定的書籍或篇章，而且分量驚人。

而一般的讀者呢？可能開始時是「這問題好有趣哦！」然後看著看著，專有名詞出現，慢慢看不懂，就無言關掉視窗了。

我認為勉強看下去也沒有意義。在不懂的狀況下硬撐，只是浪費時間，不如去看搞笑節目影片，至少可以促進新陳代謝。

「可是，如果這樣就轉台，不就代表自己少了求知的幹勁，難道我們就這樣一輩子無知下去嗎？」

有這種自我要求當然很好，但我認為普通大學程度的人，不太可能掌握這課程的內容，即便全部看完，大概也只能理解十趴。

最好有此領域的老師來陪看，邊補充說明。但要找相關專長的哲學系老師「陪看」整個課程，說不定比找個大明星陪你烤肉還難。市面上也沒有更簡單的介紹性書籍了，不過你都已經翻開這本書，我就簡談桑德爾的立場，應該能幫助你找到一點方向。

桑德爾與社群主義

一九八〇年代，有種被稱為「自由主義」的流派開始大量產出新理論。他們認為「個人」優先於「社會」，提出許多由個人權益出發的正義原則。

這一派的說法由留學生帶回台灣，不但漸漸改變國內政治觀點，也產生一些實質影響。「廢除死刑」的看法就是受到自由主義者支持的社會議題。

當自由主義活力十足的同時，其反對者也開始發展對應理論，最具代表性的是社群主義者。這一派學者認為「個人」是「社群」養出來的，我們應該從自身所屬的社群出發，才能掌握人生目的與價值。

社群主義認為**你生下來就屬於某個社群**。你在長大過程中，已透過家庭生活學會中文，這不是你「選擇」去學的。等到你有判斷能力，早已具備某種既定的價值基礎，而「你是誰？」、「你要往什麼方向發展？」這類的自我認同問題，都會與此價值背景相關。所以你只要在台灣長大，就算再怎麼想裝成洋人，也只是假洋鬼子，不可能真正在思想與價值觀上變成美國人。

自由主義者總想排除現實的條件，以中立客觀的立場來思考問題，社群主義者會強調某些條件是無法排除的，我們也不可能真正客觀，但可以靜下心來聽對方想表達什麼。

好好討論自己的社群要什麼

講這麼難的東西是要幹嘛？

因為桑德爾就是社群主義者。他認為社群的價值是我們人生之所繫，同一個社群的人應該認真溝通大家想要什麼，大家人生目的中的「共同部分」是什麼，那我們就可以合作，一起努力。

這溝通過程不能由單一的智者代勞，因為「智者」很可能只是神經病。其他社群的哲學家也無法提供太具體的建議，因為他沒生活在我們之中，不見得瞭解我們的核心價值。

所以桑德爾講了那麼多課，寫了那麼多書，他的核心思想就是：「請你們好好討論自己的社群要什麼。我的書和我的課只是一種討論的示範。」

懂了嗎？所以他的課並不是要教什麼具體的東西，那些知識孤狗都有。他和學生們在示範一種哲學思辨模式，這才是真正值得學習的部分。

什麼是不應該拿來賣的東西？

當然，漫無目標的討論也有點危險，所以他有提出一些思考的主題。他把古希臘某種很難理解的價值概念，用簡單的問句表達出來：

「什麼是不應該拿來賣的東西？」（「錢買不到的東西」並非最正確的譯法。）

每個社群對此都有不同的答案，也都有一些處於「可賣」與「不可賣」邊界的事物，所以各社群必須自己討論出一個標準或共識。像是賣淫、賣小孩、賣自己的器官，或是將政府機構賣給大企業以民營化等等，這些都是有爭議的買賣主題。

但為什麼要討論這些事？這些不能賣的東西，往往與我們社群的共同目標有關，學者稱之為「共同善」。如果把「這些東西」賣了，社群就可能因此崩解。

當前的台灣社會如果允許販賣自己的年幼子女，將會造成巨大的社會衝擊與混亂。不過請注意，一百多年前的台灣，這種販賣情況雖不普遍，但的確存在。那個時代的社會可以接受，但現在狀況就不同了。

那為什麼以前可賣，現在不行賣？

我們的社群是透過長期溝通討論，慢慢認為這種行為會對抗到我們的共同善，因此在法律與道德上排除了這種行為。

所以**討論確定什麼能賣、什麼不能賣，是件非常重要的事。**處於當今這種人人都可以一秒變老闆，上網什麼都賣什麼都不奇怪的時代，更有必要加速討論流程，以免我們的社會一不小心就被我們「整個賣了」。

這就是桑德爾想提醒大家的事。瞭解他的這種企圖，你在閱讀或觀看時就比較能進入他想要塑造的情境。

思考與討論，比答案更重要

最後要提醒你一點。社群主義者非常狡猾，往往他們講了半天，你還是不太確定他們的主張是什麼。像是無法確定他們對賣淫的主張，也不知道他們是否認為死刑該廢除。這是因為他們堅持你要自己去找到答案，而最佳答案會由眾人溝通後產出，因此他們不給答案。

但他們其實是有立場的，就看你怎麼從他們的言談中抽絲剝繭去找證據了。一開始的那個火車問題，桑德爾心中也有一個答案，但他的答案不是「轉向」，也非「不轉」。

「那還有其他的選項嗎？」

沒有。

「那怎麼還會有別的答案呀？」

當我們一直思考「怎麼做才對」的時候，必然會因為找不到答案而痛苦。但如果一直找不到正確答案，或許只代表整起事件並不是你的錯。

想不懂，想不出來，不是你的錯。有想過，有討論過，就夠了。

關於生命 領養還是購買？

你真的知道自己想要的是什麼嗎？

到底可不可以買狗？

在社運團體不斷鼓吹領養取代購買的現在，買狗好像變成一種罪。買狗真的有錯嗎？

「可不可以買狗」這個問題有許多面向要考慮，我建議先把領養或購買寵物的爭議，濃縮成這樣的主題：

「購買可以免費或低價領養到的動物，是對還是錯？」

多數倫理學家在處理「動物權」方面，都有點捉襟見肘，主要是當代倫理學都建立在「人」的理性之上，因此「生物倫理」沒有獨立的基礎，必須依附著人的倫理，而在討論動物的道德問題時，就會涉及和動物有關的人，這讓問題變得十分複雜。「打狗看主人」就是這種「複雜」。

買狗的問題也是一樣。我們不妨先來看看兩造的說法。

有「道德疑慮」的商業活動

有些「買狗派」認為，一些東西雖然可以免費獲得，但你去購買仍有道德上的正面意義，不能說是浪費。像是你在圖書館借得到書，但用買的則可能幫助出版業的發展。買狗同樣可能促進了養狗業的經濟發展，養活很多人。

不過，如果我們現在已經有「借狗貓館」，那這種推論或許還有點道理，但目前政府似乎沒有這種「借還機制」（日本有民營的），我們通常也會認為寵物類似家人，用「借書」的方法流動飼養，似乎有點不太合適。

此外，買狗確實可以帶動寵物繁殖業的發展，但並非所有的產業在道德上都是等值的。有些商業活動被我們視為有較高的道德價值，比如說有機農業、大眾運輸業等等，有些商業活動則被認為有道德疑慮，比如說販賣菸酒，有些甚至被立法禁止，像是販毒。

我認為繁殖寵物業「愈來愈」被視為是有道德疑慮的商業活動，因為其養殖環境不佳，足以引起他人之不快。就算它能創造很高的產值，還是有可能被視為是「髒錢」，而被社會排除。所以買狗派的第一個理由並不成立。

人因放棄想要的而偉大

「買狗派」的另一個常見主張是，免費的狗可能不是我想要的狗，為了等到或找到我想要的犬種，可能要耗費許多機會成本，比起買狗並不會省太多，搞不好還更貴。

我們不妨回頭思考「節」這個德行的意義。簡單來說，「節」是降低、控制或犧牲欲望的滿足。你本來可以吃很好，卻不吃那麼好，可以用很好，卻不用那麼好。為什麼呢？因為你想實現一個更崇高的目的。

就像你可以買iPhone，但在不影響生活的狀況下選用零元的智障型手機，只為了把錢省下來讓父母出國觀光。**節制之所以美好，正是因為選擇了次級的欲望對象，並體現了崇高的價值。**

你是因為選擇領養一隻「普狗」，讓牠得享天年，而展現道德價值。如果選擇「天龍狗」，不論買或領養，其道德價值似乎不如領養「普狗」的人，和領養「糟糕狗」的人相比，就更顯得缺乏道德價值了。

你是因為「放棄想要的」而偉大，因此買狗派的第二個理由也不成立。

領養的永續價值

「買狗派」的另一個理由較罕見，卻用了很難反駁的詭辯法。他們認為，如果領養比購買更有道德價值，那就代表「待領養的狗」具有某種價值，所以只要有狗待領，大家就該去領養。但大多數人沒這樣做，這代表領養沒比較高尚。

的確，如果領養狗能帶來某種正效益，將會導致很古怪的後果：你該盡可能把家中塞滿狗，直到狗「滿」到產生負效益。除了少數「狗奴」外，正常人應該不認為這種作法是正確的。

有些現實狀況可以呼應這種主張。幾位知名的愛狗媽媽或阿伯，就是因為抱持這樣的心態而領養了一大堆狗，卻因為沒有資源照顧，反而讓這些狗活在有如地獄的環境中。但「買狗派」的這個理由並沒有辦法證明買狗是對的，也沒辦法推翻「因節制而選擇領養狗」的說法。

不妨從頭思考這個問題。不論是什麼狗，都有價值，我們也應該追求有價值的事物，但這**不代表我們就該「只」追求這個價值**。我們的人生還有許多其他選擇，我們可以選擇不領養狗，而把資源移去做別的事，例如其他能產生更高價值的行動，或是領養貓。

而且買狗派無法說明，這個理由為什麼可以讓「購買」比「領養」在道德上更正確，因此，我們也可以把這種說法拋在腦後。

你真的知道自己想要什麼嗎？

我想這三個理由，已足夠涵蓋大多數的買狗派意見，而就我的角度看來，都無法成立，**批判領養的理由，都只是自身懶惰和浪費的飾詞。**

不過，就算買狗，也不是什麼滔天大罪，大概類似於買了個奢侈品或生產流程有道德爭議的商品，適度責怪即可，不應鬧得好像強姦殺人一般。

我也有養狗，雖是純種犬，卻是市場撿來的棄犬。所以說領養不到自己想要的狗嘛，我主觀上是比較懷疑的。這些人可能根本沒看過幾個領養點，就說找不到想要的狗。

而且，你真的知道自己想要的是什麼嗎？

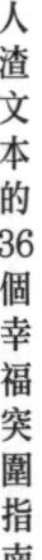

同理心 不只是隻畜牲

堅持「那只不過是隻畜牲」而傷害顯然有內在善的生物，那你才是隻畜牲。

我真正的研究專長是「運動倫理學」。

因為我一直在搞政治，也參與一些社會議題，許多人都誤以為運動倫理學是談社會運動中的倫理議題。

「是打球的那種運動。」我都要補充說明。運動倫理學就是探討各類運動中的道德爭議。

在這個領域中，我有自信是台灣最頂尖的幾個老師之一，因為在台灣做這個領域的，也只有幾個老師。

由於人很少，所以相關專長的老師都會利用一年一度的運動哲學年會（運動倫理學屬於運動哲學裡的一個次分科），來討論一些當年的研究成果。

幾年前的年會中，有位老師以相當認真的態度，問了我一個困難的問題：

「如果有隻黑猩猩投中三分球，牠非常高興。那牠的高興算是『內在善』嗎？」

屬於黑猩猩的小確幸

先不討論大教授為什麼要提出這麼古怪的問題，我們還是行禮如儀地簡單分析一下問題的結構。

「內在善」又出現了。我們前面提過「內在善」，這是種小確幸。

那黑猩猩會有小確幸嗎？

如果我們訓練一隻黑猩猩打籃球，教牠投三分，只要投中就給一根香蕉，久了之後，黑猩猩練成三分神射的能力，還可以上台表演。因為投中而有東西吃，牠當然很樂了。

說不定牠無聊時也會自己走到球場，抓起球練三分。如果牠投中了，就算沒有香蕉（因為沒有人給牠），牠也可能自得其樂。

所以，如果真有一隻猩猩在沒有獎品的狀況下投中三分，依然很快樂，那我們可以說牠獲得了內在善。

不過，我當年的回應是：「就標準定義看來，這不是內在善，但就我個人的看法，這是內在善。所以標準的定義要修了。」

你一定看不懂這樣的回答，因為這裡頭有很複雜的故事。

動物也有真情

倫理學家一開始定義「內在善」時，主張內在善「只」存在於「人類」的合作活動裡頭。狗狗貓貓的其他動物，只有「外在善」。

「外在善」是錢可以買到的東西，是量化價值，可以用數字評估。人類比其他動物厲害的地方，就在於人類還發展出了「不可量化」的價值，即「內在善」。

好，這是「理論」，但我相信你也會覺得怪怪的。貓狗經常被我們視為「有情」，不只是你餵飼料的單純反應，而是一種依賴感，這和我們人類之間的內在善非常相似。只因為牠們不是人，就認定牠們擁有的價值全都是外在善，一定沒有內在善（「情」），這不是很奇怪嗎？

的確很奇怪。

我也認為這定義怪怪的，甚至提出這概念的倫理學家自己也覺得怪怪的。他在上世紀末的最後一本著作中，開始認真思考海豚這種生物。

海豚有高度智慧，而且有許多計劃性的團隊合作行為，也會超出獵食目的而嬉戲，這在在都顯示牠們符合內在善的定義。

因此，「人類」這個概念就應該從內在善的定義中拿掉，或是排除生物學的那種「人類」，接納某種超出基因、更廣義的「人類」。這會造成什麼影響呢？

資源需要重新分配

我們過去思考對世界的規劃時，都只考量人類的目的。地球上存在很多的人類社群，大家在擁擠的世界中競爭資源，為避免戰爭必須盡可能坐下談，溝通彼此的外在善需求與分配，並整合大家的內在善，以形成一種人人皆可分享的「共同善」。

但過去我們很少分配給動物，或很少考量到動物，頂多是因為對於動物有某種同情，或是基於生態多樣性的利益而保育動物。動物只是我們的附屬而已。

可是，如果動物也有「食色」之外的內在善需求呢？

那事情就大條了。我們在規劃海洋資源時，就必須考量到海豚的內在善。不只是留下足夠的魚給牠們吃，也不只是保留牠們的繁殖地，還要考慮到牠們的遊戲場，牠們散心閒晃的空間，牠們的……

同理，開發森林，可能也必須和黑猩猩「參詳」一下了。雖然我們目前還沒有辦法和牠們溝通，但這可能是我們把「溝通」鎖定在人類的智力模式，這對其他動物來講不太公平。就像聯合國如果規定只能用亞那毛毛語溝通，那對我們就很不利，因為沒人知道那是什麼東西。

透過共享來提升自己

因為有溝通的需求，或許將來會開發出和這些生物溝通的新感官模式也說不定。但我們為什麼需要展開這種溝通？這些聰明的生物又不多，也快要滅絕了，不理牠們，也沒差吧？

的確有很多人抱持這種想法。但從同樣的理論出發，也有很多人類社群快消失了，乾脆把他們屠殺掉吧？順便清出一些空間？

「啊不行耶，那可是人。」

為什麼「人」就不能隨便清除？

只要能掌握內在善的「個體」，不論是人、海豚、猩猩，或狗，都可能分享彼此的內在善，並且提升整體的價值。你和狗玩，狗很開心，你也很開心，這不就是「加值」？如果可以分享海豚的快樂呢？那可是全新的領域，說不定能讓你更幸福。

我們之所以有必要和其他社群溝通與分享、建立共識，並不只是為了「分資源」這麼簡單的事，還包括**可以透過這種共享活動來提升自己，使自我的人生更加滿全。**所以關切動物的價值需求，是有意義的。

誰才是畜牲？

談到這裡，你大概就能體會為何我們這些研究者要思考「猩猩投三分」的問題了。就算沒有任何一隻猩猩會投三分球，我們也應該對其他生物的價值世界保持興趣與關懷，因為這有可能幫助我們獲得更完整、更高階的幸福。

別想用「那只不過是隻畜牲！」這種話來免除自己對動物的道德責任。堅持「那只不過是隻畜牲」而傷害顯然有內在善的生物，那你才是隻畜牲。

關於善惡：我們不可能完美

人就是因為不完美，才有空間往前進。

「罪惡」一直是西方哲學的核心問題，東方倒不太重視。西方會熱衷於討論惡，原因是亞伯拉罕一神教傳統（主要包括了猶太教、基督宗教與伊斯蘭）認定，唯一真神是全知全能的，祂創造了世界，當然，「惡」是從哪來的，就不好解釋了。

如果這惡是神創造出來的，那祂為什麼要創造惡呢？

如果不是神創造出來，那神是全知的，也一定知道世上有惡，而祂又是全善且全能的，就應該主動消除這些惡。但為何神沒有這樣做？

所以，上帝若不是笨笨的，不然就是廢廢的，或是壞壞的。

所謂惡，其實是「缺乏善」

這類問題在一神宗教初期就已經出現，一路吵到今天。宗教能不能解決這個問題是一回事，不過因為宗教和哲學在西方共存了很長的一段時間，所以倒是有哲學家對此提出了一個解決方案：

「惡不存在。」

沒有惡，當然就沒有上面的一系列問題了。

但你八成會有個瞬間反應是：「屁啦！惡不存在？明明到處都有壞人，我們身上也有很多缺陷呀。」

應該這樣講，這派哲學家認為，我們所感受到的「惡」，其實是「缺乏善」。「壞人」是「不夠好的人」，「壞事」是「不夠好的事」。現實世界的醜惡者，都是不夠美善者。

只有「善」的性質，沒有「惡」性質，傳統的善惡二元觀是一種錯誤的理解，因此，也沒有什麼極惡大魔王這類角色。如果有很壞的人，他並不是具備很多的惡，而是「缺乏各種善」的人。所謂的「善惡光譜」，只有善這種性質。

當然，「惡就是缺乏善」這說法，還是不能完全解決惡的問題。有些人認為他就是愛追求惡，喜歡惡人，要走反社會路線，打算當個可愛又迷人的反派角色。

就哲學家的看法，這個人還是在追求「善」，只是他的「善」和其他人的「善」不同。

哲學家把人類的各種大大小小目的都定義成「善」，你要拿刀自殘也是「善」，不過這是你自以為的「善」，在別人眼中可能是「惡」（不夠善）或「白痴」。

對於「惡之美學」的堅持

如果我們之間對「善」的認知不同，就應該進行價值溝通，目的是要整合每個人的「善」，以免不斷出現爭議。

我們最常對他人的目標（也就是「他的善」）感到懷疑或想要批判，通常是在政治領域，其次是美學欣賞。我們會覺得支持某些政黨的人是「惡」，但在他們眼中，我們支持的政黨才是「惡」。

而一些諸如「這妹正不正」、「這好不好吃」、「這電影好不好看」的討論，也常讓我們覺得他人的價值觀有問題。

不只是一般人會吵，連哲學系教授也很常爭論這種價值議題。我就聽過兩個女老師爭論一位「很有型」的男學生到底算是街友還是型男。她們最後無法取得共識。

我們同屬一個社群，所以有必要整合大家對「公共目的」，也就是「共同善」的看法，並努力形成共識，否則我們就會窮耗在追逐個人目標（利益）時的衝突之上。只有透過協商建立資源分配模式，並且形塑出可分享的共同善，才是解決衝突的唯一出路。

但有些人就是會堅持他的「惡之美學」。當社會已形成某種共識，他就是要逆著走、造反。大家都習慣排隊，他就是要硬插，你不排他還不想插咧。你說美的，他就硬是要指為醜。

這是種個人風格，但社會大多數的成員不認同，他就會成為多數人標準之下的「壞人」。有些學者主張應該矯正這種「觀念錯誤」的人，也有人認為應該抱持某種開放性，他只要不過度影響社會正常運作，就留著吧。他可能有很重要的存在意義。

惡的存在意義

存在意義？

不是除惡務盡嗎？

理論上，我們的確應該盡可能去除道德上的負面因子，但也必須承認，**我們不可能真正完美**。在考量成本之下（去除某些邪惡的成本很高），我們可以容許自身留有少許的不太嚴重罪惡，因而，我們也應容忍社會上的某些罪惡或是價值觀的差異，只要他們不會帶來立即的威脅。

更重要的是，**「不同意見者」的存在，可能是社群出現危機時的救命藥方**。他們的價值觀在我們的眼中或許很奇怪、很邪惡，可是當碰到外在環境劇烈改變時，某種奇怪的價值觀，可能會是讓社群得以撐過考驗的關鍵。

就像「生物多樣性」、「基因庫」的概念一樣，多元的社會才能因應多元的挑戰。

誰有資格坐博愛座？

不妨以一個常引起爭論的議題為例。台灣人對「博愛座」非常敏感，好像正常人一坐就是該死，因此，也產生了各種支持或反對「博愛座」的論點。有些想法較古怪的人，甚至會主動搶坐博愛座，等真正有需要的人上來再讓。他們認為只有自己這種「道德高潔」的人，才有正確判斷「誰應該坐」的能力。

這可能引起社會大眾的批判，但我認為透過這票人的古怪行為，還是可以促進社群思考「誰有資格坐博愛座」的議題。

透過這些人的「衝撞」與「犧牲」，我們得以不斷進行道德討論，這種溝通就算沒有結論，也能讓我們的智識提升到不同的層次，可以讓我們從更全面、多元的角度來思考博愛座的意義。

因此，別小看「惡」的價值。**你只要體認到「惡」的存在，隨時警醒自己，那「惡」就不是個問題**。人就是因為不完美，才有空間往前進。

所以人都有惡，人都有罪。若是覺得自己沒罪、沒惡？

那你就缺乏「謙虛」和「自省」這兩種善了。

溝通

我為什麼要尊重你的信仰？

人人都有信仰，但請記得，你不是神，你是人。

在當代社會中，宗教信仰仍是主要活動之一。雖然沒特定信仰的人占了台灣社會的大多數，但現實生活中還是存在著不少宗教衝突。從死刑到同性婚姻，宗教人士對許多議題強力表態，造成許多難以解決的意識型態僵局。

其實，「信仰」不只是「宗教」。我們會對許多事物抱持信仰，認為其具有崇高的價值，也希望他人在某種程度上尊重自己對此的態度。

很多人自認是無神論者，這想法也是種信仰。科學萬能論者也是某種意識型態的信徒。人總有一些「自己認為不需」證明的價值堅持，並以此作為進階推論的起點。

人人都有信仰，而且信的東西可能不一樣，那該怎麼互動呢？

因為我很尊重我的信仰，也會希望別人尊重我的想法，透過「推己及人」的道德黃金律，看似很容易就能得出「我們應該尊重他人的信仰」這條道德原則。

多數當代社群的確都有這條道德原則，但實踐起來的差異就很大了，其主要的爭點就是在於「程度」。我應該尊重你的信仰到什麼程度？

退讓，是一種贈予

穆斯林（就是伊斯蘭的信徒）不能繪製先知穆罕默德的畫像，所以可能認為非穆斯林也不行畫，否則就是不尊重穆斯林的信仰。這也許能被非穆斯林接受，因為我們通常不需要畫穆罕默德的肖像。

但如果是在穆斯林眼前大啖豬肉呢？好像就有點爭議了。台灣人通常會吃豬肉，如果要我不吃，顯然就是一種「退讓」。但**退讓不一定是「損失」或「輸了」**，因為生存資源與空間有限，人與人之間的相處，本來就需要「讓」這種德行，才能於外在無法完滿的狀況下，達到一種內在的完滿。許多人與出家師父共餐，也會欣然接受素食，就是透過退讓來表達尊重對方之意。

「讓」的另一面是「給」。因此，「被尊重者」也要有所體認，人家對你的退讓是道德上的贈予，不是「本來就應該」。

這與公車上讓座的「實質」給予不同。這種信仰上的「讓」，是意識型態上的退讓，不涉及資源占有，因此受讓的一方，也應該在其他所在給對方「方便」，讓對方有自己信仰的空間。

所以某人在自己生活範圍內吃豬肉，穆斯林通常沒有跨社群的道德資格去批判他。因此「讓」的程度，就在於「自己信念範圍之外」，但有些信仰者的信念範圍很大，有些很小，那範圍小的人，不就吃虧了嗎？

在台灣，有時地方建醮、大拜拜，會希望全境吃素。部分如麥當勞之類的連鎖餐飲業者會配合，這時建醮方應該感謝他們。但若有不配合的呢？那也不該去要求，更不應去責怪他們。

你吃素是信仰，他們吃肉也是信仰。你去責怪他們，反而是你有錯了，**你向他們**

「要」，**但你有給什麼是人家「想要」的？**這就代表你不夠尊重他們的信仰。

所以**要確認「自己讓」的程度，也應該表明希望「對方讓」的程度**，雙方在事前溝通，不要等衝突發生時「再議」。

先講好，**要我尊重你的信仰，你也該尊重我的信仰。**你拜拜時放鞭炮，我忍受，我做法事時占用街道，就換你忍受。

雙方都不肯退讓，怎麼辦？

當然，有時溝通不會那麼順暢，雙方的信念範圍重疊，都不肯退讓，發生在法國的《查理週刊》大屠殺事件就是一例。這週刊因為一再刊登有辱伊斯蘭先知的圖畫，而遭到激進主義信徒的屠殺。

在法國的現實生活中，多數的穆斯林都做了不同程度的退讓，包括對於衣著、飲食、節慶儀式上的退讓。同樣地，許多非穆斯林也在與穆斯林相處的過程中有所退讓，但問題就在於某些信仰議題，非穆斯林與穆斯林都不肯退讓。

《查理週刊》就是這樣的觸發點。週刊方對其言論自由部分不肯退讓，穆斯林因此覺得自己受到擠壓，開始要求社方退讓。這種要求是合理的嗎？

前面提過，意識型態的「退讓」是一種主動的德行，有則稱許，無，也沒什麼立場去要求人家一定要讓，或一定要和你交換。少數穆斯林於此出現過分的「外展」，我相信我的信仰，你也要接受我信仰的標準，因為我的標準是最好的。這種態度就有點過分了。因此多數的穆斯林社群都譴責這次的恐怖攻擊。

但不要以為穆斯林才會在信仰部分做「太超過」的要求。

許多歐美的「帝國主義者」也有同樣態度，他們把自身信仰推銷到全世界，現在才有這麼多信仰衝突的爛攤子，像是伊斯蘭世界和西方世界的不愉快。帝國主義者的侵略造成穆斯林的反感，他們因此開始反擊。

最後還是要回到我們自身。我們自己也有藍綠、統獨、科學與玄思等等不同向度的信仰對立。**我們有在對話嗎？若有，這種程度的對話足夠嗎？若無，我們要如何讓對方進入對話？要打，又會走向什麼樣的衝突形式呢？**

人人都有信仰，但請記得，你不是神，你是人。不要妄想自己可以做到神的事，不要幻想自己可以代神發言。能完成人可做到的事，講出人應該講的話，就非常了不起了。

結語——

倫理學不好笑

這本書有些舊的見解，也有新寫的部分。我認為新的部分超過七十趴，說不定有八十趴或九十趴。

真的有這麼高嗎？當然有。

我大改許多舊文，有些根本是砍掉重練，有些則是剁手去腳，然後移植翅膀和鰭上去。為什麼呢？我的思想產生大改變了嗎？我要拋開過去的我嗎？我否定過去提出的道德見解嗎？自我打臉嗎？

做人當然沒有這麼非黑即白。

我是修改了一些看法，換了一些詞，但還不到自我打臉的程度。我做的最大改變，就是調整結構和語氣。倫理學是我的專業，談幸福更是我專業中的專業，談到這種主題，無可避免會有點學術人周助理教授的口氣。

這樣的書就很難看得下去啦！啊不就變論文！

沒錯！所以編輯很早很早，早在這本書還只有一篇文章的時候，就一直提醒我要「更犀利、嘲諷些」。

我平常寫政治類的時論文章，當然可以寫得很嘲諷，不過那些文章通常沒啥營養，一、兩千字可能只提到一個稍微難一點點點的概念。在很倫理的文章中，要如何寫得很嘲諷，就是一大考驗了。

當然，現在看到的這本書，就是我努力到最後一刻的成果，到底夠不夠嘲諷、犀利呢？還是交由讀者來判斷了。

除此之外，編輯也交給我一些任務，希望我能夠討論「現代台灣的年輕人困境」，就是沒錢又啥都貴的狀況下，怎麼用有限的資源來獲得幸福。

但就如你所看到的，我並沒有針對年輕人來立論，因為貧窮和高物價是多數台灣人共同面對的主題，對一百歲和十歲的人來說，這種困境都是同樣的真實，所以我提供一種更有彈性的架構，讓讀者不論老少，都能知道如何利用有限資源爭取幸福。

但我用了許多年輕人的語彙，會使得年輕讀者在閱讀上更加流暢（當然年長的朋友可能就會覺得「不太方便」），這是我因應需求所做的調整。

在最後，還是要整合一下全書的看法，提出幾點比較務實的建議。

第一，不做事就不可能改善生活，也更不可能追求幸福。讀書、工作、談戀愛，都算是做事，你都可以從中獲得一些內在善、小確幸。但如果啥都不做，或是做啥都不具備德行，只是在那擺爛，就算有看過這本書，也沒有用。你該活得肯定點、踏實點，「為了自己而做」。

第二，這是一個資訊充沛，倫理評論也塞滿網路的時代，你就多聽多看，常參與對於社會議題的討論。別想依靠大師，也不要覺得我是大師，而是要以挑戰我、打敗我為目標。我會不斷地在網路發言、寫專欄，你可以拿著這本書比對我的立場是否有改變，是否自打嘴巴；同樣地，你也可以進一步思考自己「最喜歡的道德立場為何」。

沒有一種道德主張是完美的，但每種道德主張都可以朝完美來邁進。這過程不只是倫理學家的工作，每一個人都可以參與，每一個人也都能有貢獻。

第三，你在與你自身相關的倫理議題中，可以是道德權威。

小到你和親人的互動，大到你對家國的關懷，你都應該有自己的一套主張，而且非常清楚這套主張，能拿出漂亮的理由來捍衛這些主張。

個人領域的道德結論特別重要，因為能對你的真實人生有直接影響。你當然可以去關懷國外的事，但你也該分神好好探索有關自己的各種倫理議題，並且知道你對每一題的答案。

最後提醒，這本書拿掉了絕大多數的倫理學專有名詞，「真正的」、「一般的」倫理學書籍並沒有那麼容易消化。但有了本書的基礎，你要往「真正的」倫理學書籍「推進」，一定會比之前容易不少。

如果有興趣的話，歡迎你成為倫理學的研讀者，甚至加入研究者的行列。

當然，我知道絕大多數讀者一定不會這樣幹的啦！

你好好思考對自己來說的「幸福人生」是什麼，就夠了。

|新書簽講會|

人渣文本的36個幸福突圍指南

●時間：2015年11月1日（週日）下午2點

●地點：金石堂信義店5樓 龍顏講堂

台北市信義路二段196號 (02)2322-3361

●洽詢電話：(02)2749-4988 寶瓶文化

＊免費入場，額滿為止

國家圖書館預行編目資料

人渣文本的36個幸福突圍指南／周偉航著
--初版. --臺北市：寶瓶文化, 2015. 10
面； 公分. --(Vision；129)
ISBN 978-986-406-032-0（平裝）

1. 人生哲學 2. 通俗作品

191. 9　　　　104020437

Vision 129

人渣文本的36個幸福突圍指南

作者／周偉航（人渣文本）
主編／張純玲

發行人／張寶琴
社長兼總編輯／朱亞君
主編／張純玲・簡伊玲
編輯／丁慧瑋・賴逸娟
美術主編／林慧雯
校對／丁慧瑋・陳佩伶・劉素芬・周偉航
業務經理／李婉婷
企劃專員／林歆婕
財務主任／歐素琪　業務專員／林裕翔
出版者／寶瓶文化事業股份有限公司
地址／台北市110信義區基隆路一段180號8樓
電話／(02)27494988　傳真／(02)27495072
郵政劃撥／19446403　寶瓶文化事業股份有限公司
印刷廠／世和印製企業有限公司
總經銷／大和書報圖書股份有限公司　電話／(02)89902588
地址／新北市五股工業區五工五路2號　傳真／(02)22997900
E-mail／aquarius@udngroup.com

法律顧問／理律法律事務所陳長文律師、蔣大中律師
如有破損或裝訂錯誤，請寄回本公司更換
著作完成日期／二〇一五年八月
初版一刷日期／二〇一五年十月
初版三刷日期／二〇一五年十月二十六日
ISBN／978-986-406-032-0
定價／三一〇元

愛書人卡

感謝您熱心的為我們填寫，
對您的意見，我們會認真的加以參考，
希望寶瓶文化推出的每一本書，都能得到您的肯定與永遠的支持。

系列：Vision 129　**書名：人渣文本的36個幸福突圍指南**

1. 姓名：＿＿＿＿＿＿　性別：□男　□女
2. 生日：＿＿年＿＿月＿＿日
3. 教育程度：□大學以上　□大學　□專科　□高中、高職　□高中職以下
4. 職業：＿＿＿＿＿＿
5. 聯絡地址：＿＿＿＿＿＿

   聯絡電話：＿＿＿＿＿＿　手機：＿＿＿＿＿＿
6. E-mail信箱：＿＿＿＿＿＿

   □同意　□不同意　免費獲得寶瓶文化叢書訊息
7. 購買日期：＿＿年＿＿月＿＿日
8. 您得知本書的管道：□報紙／雜誌　□電視／電台　□親友介紹　□逛書店　□網路　□傳單／海報　□廣告　□其他
9. 您在哪裡買到本書：□書店，店名＿＿＿＿　□劃撥　□現場活動　□贈書　□網路購書，網站名稱：＿＿＿＿　□其他＿＿＿＿
10. 對本書的建議：（請填代號　1. 滿意　2. 尚可　3. 再改進，請提供意見）

    內容：＿＿＿＿＿＿

    封面：＿＿＿＿＿＿

    編排：＿＿＿＿＿＿

    其他：＿＿＿＿＿＿

    綜合意見：＿＿＿＿＿＿
11. 希望我們未來出版哪一類的書籍：＿＿＿＿＿＿

讓文字與書寫的聲音大鳴大放

寶瓶文化事業股份有限公司

（請沿此虛線剪下）

廣 告 回 函
北區郵政管理局登記
證北台字15345號
免貼郵票

寶瓶文化事業股份有限公司 收

110台北市信義區基隆路一段180號8樓
8F,180 KEELUNG RD.,SEC.1,
TAIPEI.(110)TAIWAN R.O.C.

（請沿虛線對折後寄回，或傳真至02-27495072。謝謝）